本書の特色と使い方

**ゆっくりていねいに、段階を追った学習ができます。
支援学級などでの個別指導にも最適です。**

・問題量に配慮した、ゆったりとした紙面構成で、読み書きが苦手な子どもでも、ゆっくりていねいに段階を追って学習することができます。
・漢字が苦手な子どもでも学習意欲が減退しないように、問題文の全ての漢字にふりがなを記載しています。

光村図書国語教科書から抜粋した詩・物語・説明文教材、ことば・文法教材の問題を掲載しています。

・教科書掲載教材を使用して、授業の進度に合わせて予習・復習ができます。

どの子も理解できるよう、文章読解を支援する工夫をしています。

・長い文章の読解問題の場合は、読みとりやすいように、問題文を二つなどに区切って、問題文と設問に1、2…と番号をつけ、短い文章から読みとれるよう配慮しました。
・読解のワークシートでは、設問の中で着目すべき言葉に傍線（サイドライン）を引いておきました。
・記述解答が必要な設問については、答えの一部をあらかじめ解答欄に記載しておきました。

学習意欲をはぐくむ工夫をしています。

・解答欄をできるだけ広々と書きやすいよう配慮しています。
・内容を理解するための説明イラストなども多数掲載しています。イラストは色塗りなども楽しめます。

※**ワークシートの解答例について（お家の方や先生方へ）**
本書の解答は、あくまでもひとつの「解答例」です。お子さまに取り組ませる前に、必ず指導される方が問題を解いてください。指導される方の作られた解答をもとに、お子さまの多様な考えに寄り添って○つけをお願いします。

ゆっくり　ていねいに学べる

国語教科書支援ワーク

（光村図書の教材より抜粋）

もくじ　6-①

創造《そうぞう》

● 次《つぎ》の詩《し》を二回《にかい》読《よ》んで、答《こた》えましょう。

名前

創造《そうぞう》

一《いち》まいの紙《かみ》から、
船《ふね》が生《う》まれる。飛行機《ひこうき》が生《う》まれる。
ひとかたまりのねん土《ど》から、
象《ぞう》が生《う》まれる。つぼが生《う》まれる。
生《う》まれる、生《う》まれる、生《う》まれる。
わたしたちの手《て》から次々《つぎつぎ》と。

（令和二年度版　光村図書　国語六　創造　羽曽部《はそべ》　忠《ただし》）

(1) 「創造《そうぞう》」とは、どんな意味《いみ》ですか。○をつけましょう。

（　）新《あたら》しいものをつくり出《だ》すこと。この世《よ》に生《う》み出《だ》すこと。

（　）見《み》たことや経験《けいけん》したことがないものを、頭《あたま》の中《なか》に思《おも》いえがくこと。

(2) 一《いち》まいの紙《かみ》から生《う》まれるものは、何《なん》ですか。二《ふた》つ書《か》きましょう。

［　　　　　　］
［　　　　　　］

(3) ひとかたまりのねん土《ど》から生《う》まれるものは、何《なん》ですか。二《ふた》つ書《か》きましょう。

［　　　　　　］
［　　　　　　］

(4) (2)や(3)のようなものが、この詩《し》では、何《なに》から次々《つぎつぎ》と生《う》まれるといっていますか。詩《し》の中《なか》の七文字《しちもじ》の言葉《ことば》で書《か》きましょう。

□□□□□□□

春《はる》の河《かわ》

名前

● 次《つぎ》の詩《し》を二回音読《にかいおんどく》して、答《こた》えましょう。

春《はる》の河《かわ》

山村《やまむら》 暮鳥《ぼちょう》

たつぷり《（たっぷり）》と
春《はる》は
小《ちい》さな川々《かわがわ》まで
あふれてゐ《（い）》る
あふれてゐ《（い）》る

（令和二年度版　光村図書　国語六　創造　山村　暮鳥）

(1) 詩《し》の中《なか》で、くり返《かえ》されている言葉《ことば》を書《か》き出《だ》しましょう。
（難《むずか》しい字《じ》は、ひらがなで書《か》きましょう。）

(2) 春《はる》は、どのようにあふれていますか。詩《し》の中《なか》の言葉《ことば》で書《か》きましょう。

□□□□と
あふれている。

(3) 春《はる》は、どんなところにまであふれていますか。

(4) 「春《はる》の河《かわ》」の詩《し》にえがかれているものを一《ひと》つ選《えら》んで○をつけましょう。

（　）春《はる》が待《ま》ち遠《どお》しい、冬《ふゆ》の季節《きせつ》の終《お》わりの様子《ようす》。
（　）待《ま》ちかねた春《はる》を実感《じっかん》する、春《はる》の季節《きせつ》の初《はじ》めの様子《ようす》。
（　）春《はる》から夏《なつ》に移《うつ》ろうとする、春《はる》の季節《きせつ》の終《お》わりの様子《ようす》。

小景異情《しょうけいいじょう》

名前

● 次《つぎ》の詩《し》を二回音読《にかいおんどく》して、答《こた》えましょう。

小景異情《しょうけいいじょう》

室生《むろう》　犀星《さいせい》

あんずよ
花着《はなつ》け
地《ち》ぞ早《はや》やに輝《かが》やけ
あんずよ花着《はなつ》け
あんずよ燃《も》えよ

※あんず…春《はる》（三月《さんがつ》～四月《しがつ》ごろ）に、葉《は》が生《は》える前《まえ》に花《はな》をさかせる。花《はな》の色《いろ》は、うすいピンク色《いろ》。

（令和二年度版　光村図書　国語六　創造　室生　犀星）

(1) 作者《さくしゃ》は何《なに》によびかけていますか。詩《し》の中《なか》の三文字《さんもじ》の言葉《ことば》で書《か》きましょう。

□□□

(2) 作者《さくしゃ》は、あんずに何《なん》とよびかけていますか。詩《し》の中《なか》から二《ふた》つ書《か》き出《だ》しましょう。

あんずよ［　　　　］

あんずよ［　　　　］

(3) 「地《ち》ぞ早《はや》やに輝《かが》やけ」の行《ぎょう》から、作者《さくしゃ》はどんなことを思《おも》い、願《ねが》っていると考《かんが》えられますか。□から言葉《ことば》を選《えら》んで（　）に書《か》きましょう。

あんずの（　　）が（　　）こと
によって、この場所《ばしょ》が（　　）
かがやいてほしいということ。

さく・早《はや》く・花《はな》

(4) あんずの花《はな》は、今《いま》、さいていますか。○をつけましょう。

（　）さいている。

（　）まださいていない。

帰《かえ》り道《みち》 (1)

名前

● 教科書《きょうかしょ》の「帰《かえ》り道《みち》」の全文《ぜんぶん》を読《よ》んだ後《あと》、次《つぎ》の文章《ぶんしょう》を二回《にかい》読《よ》んで、答《こた》えましょう。

1

〔同級生《どうきゅうせい》の律《りつ》と二人《ふたり》の帰《かえ》り道《みち》、「ぼく」（周也《しゅうや》）は気《き》まずいちんもくにたえられず、あれこれ話《はな》しかけた。〕

何《なに》を言《い》っても、㋐背中《せなか》ごしに聞《き》こえてくるのは、さえない足音《あしおと》だけ。ぼくがしゃべればしゃべるほど、その音《おと》は遠《とお》のいていくような気《き》がする。

ふいに母親《ははおや》の小言《こごと》が頭《あたま》をかすめたのは、下校中《げこうちゅう》の人《ひと》かげがあっちへこっちへ枝分《えだわ》かれして、㋑道《みち》がすいてきたころだった。

※さえない…はっきりしない。暗《くら》くしずんだ。

2

「周也《しゅうや》。あなた、おしゃべりなくせして、どうして会話《かいわ》のキャッチボールができないの。会話《かいわ》っていうのは、相手《あいて》の言葉《ことば》を受《う》け止《と》めて、それをきちんと投《な》げ返《かえ》すことよ。あなたは一人《ひとり》でぽんぽん球《たま》を放《ほう》っているだけで、それじゃ、ピンポンの壁打《かべう》ちといっしょ。」

※ピンポン…卓球《たっきゅう》のこと。

（令和二年度版　光村図書　国語六　創造　森《もり》　絵都《えと》）

1の文章《ぶんしょう》を読《よ》んで、答《こた》えましょう。

(1) ㋐背中《せなか》ごしに聞《き》こえてくるとありますが、「ぼく」（周也《しゅうや》）の後《うし》ろから、何《なに》が聞《き》こえてきましたか。○をつけましょう。

（　）律《りつ》のさえない足音《あしおと》だけ。

（　）律《りつ》がおしゃべりする声《こえ》。

(2) ㋑道《みち》がすいてきたころ、周也《しゅうや》の頭《あたま》をかすめたのは、何《なん》でしたか。

〔　　　　〕

2の文章《ぶんしょう》を読《よ》んで、答《こた》えましょう。

(1) 2のかぎ（「」）の中《なか》の言葉《ことば》は、だれの言葉《ことば》ですか。○をつけましょう。

（　）律《りつ》　（　）周也《しゅうや》の母親《ははおや》

(2) 母親《ははおや》は、周也《しゅうや》に何《なに》ができないと言《い》っていますか。文中《ぶんちゅう》の言葉《ことば》で書《か》きましょう。

〔会話《かいわ》の□□□□□□□。〕

(3) 母親《ははおや》は、周也《しゅうや》の会話《かいわ》のしかたを何《なに》にたとえていますか。

〔□□□□の壁打《かべう》ち。〕

帰《かえ》り道《みち》　(2)

● 次《つぎ》の文章《ぶんしょう》を二回《にかい》読《よ》んで、答《こた》えましょう。

名前

1

〔周也《しゅうや》は、「あなたはおしゃべりだけど、一人《ひとり》で球《たま》を放《ほう》っているだけで、ピンポンの壁《かべ》打ちといっしょ。」という母親《ははおや》の小言《こごと》を思《おも》い出《だ》した。〕

ピンポン。なんだそりゃ、とそのときは思《おも》ったけど、今《いま》、こうして壁《かべ》みたいにだまりこくっている律《りつ》を相手《あいて》にしていると、㋐その意味《いみ》が分《わ》かるような気《き》がしてくる。たしかに、ぼくの言葉《ことば》は軽《かる》すぎる。ぽんぽん、むだに打《う》ちすぎる。もっとじっくりねらいを定《さだ》めて、いい球《たま》を投《な》げられたなら、律《りつ》だって何《なに》か返《かえ》してくれるんじゃないか。

2

でも、いい球《たま》って、どんなのだろう。考《かんが》えたとたんに、舌《した》が止《と》まった。何《なに》も言《い》えない。言葉《ことば》が出《で》ない。どうしよう。あわてるほどにぼくの口《くち》は動《うご》かなくなって、逆《ぎゃく》に、足《あし》は律《りつ》からにげるようにスピードを増《ま》していく。

（令和二年度版　光村図書　国語六　創造　森《もり》　絵都《えと》）

1 の文章《ぶんしょう》を読《よ》んで、答《こた》えましょう。

(1) 「ぼく」(周也《しゅうや》)は、今《いま》、どんな様子《ようす》の律《りつ》を相手《あいて》にしていますか。文中《ぶんちゅう》の言葉《ことば》で書《か》きましょう。
(習《なら》っていない言葉《ことば》は、ひらがなで書《か》きましょう。)

［　　　　］みたいに［　　　　］いる。

(2) ㋐その意味《いみ》が分《わ》かるような気《き》がしてくる。とありますが、「ぼく」(周也《しゅうや》)は、自分《じぶん》の言葉《ことば》がどんなものだと気《き》がつきましたか。文中《ぶんちゅう》から二文《にぶん》を書《か》き出《だ》しましょう。

2 の文章《ぶんしょう》を読《よ》んで、答《こた》えましょう

(1) 「ぼく」(周也《しゅうや》)は、どんなことを考《かんが》えたとたんに、言葉《ことば》が出《で》なくなりましたか。文中《ぶんちゅう》の言葉《ことば》で書《か》き出《だ》しましょう。

帰《かえ》り道《みち》 (3)

名前

● 次《つぎ》の文章《ぶんしょう》を二回《にかい》読《よ》んで、答《こた》えましょう。

1

無言《むごん》のまま歩道橋《ほどうきょう》をわたった先《さき》には、しかも、市立公園《しりつこうえん》が待《ま》ち受《う》けていた。道《みち》の両側《りょうがわ》から木々《きぎ》のこずえがたれこめた通《とお》り道《みち》。人声《ひとごえ》も、車《くるま》の音《おと》も、工事《こうじ》の騒音《そうおん》も聞《き》こえない緑《みどり》のトンネル。ぼくはこの静《しず》けさが㋐大《だい》の苦手《にがて》だった。

※たれこめる…低《ひく》く一面《いちめん》に広《ひろ》がる。

2

正確《せいかく》にいうと、だれかといるときのちんもくが苦手《にがて》だ。たちまち、そわそわと落《お》ち着《つ》きをなくす。何《なに》か言《い》わなきゃってあせる。野球《やきゅう》チームに入《はい》る前《まえ》、律《りつ》とよくいっしょに帰《かえ》っていたころも、㋑ぼくはこの公園《こうえん》を通《とお》りかかるたび、しんとした空気《くうき》をかきまぜるみたいに、ピンポン球《だま》を乱打《らんだ》せずにいられなかった。律《りつ》のほうはちんもくなんてちっとも気《き》にせず、いつだって、マイペースなものだったけど。

※ちんもく…何《なに》も言《い》わないでいること。
※たちまち…すぐに。
※乱打《らんだ》…むやみに打《う》つこと。

（令和二年度版　光村図書　国語六　創造　森《もり》　絵都《えと》）

1

(1) 歩道橋《ほどうきょう》をわたった先《さき》にあるのは、何《なん》というところですか。

[　　　　]

(2) 「ぼく」(周也《しゅうや》)が、㋐大《だい》の苦手《にがて》としているものは、何《なん》ですか。○をつけましょう。

(　) 市立公園《しりつこうえん》の通《とお》り道《みち》の、トンネルのような暗《くら》さ。

(　) 市立公園《しりつこうえん》の通《とお》り道《みち》の静《しず》けさ。

2

㋑ぼくはこの公園《こうえん》を…乱打《らんだ》せずにいられなかった。の文《ぶん》について答《こた》えましょう。

① 「ピンポン球《だま》を乱打《らんだ》する」とは、どうすることですか。○をつけましょう。

(　) 次々《つぎつぎ》と言葉《ことば》を投《な》げかけること。

(　) ピンポン球《だま》をめちゃくちゃに打《う》つこと。

② 「ぼく」(周也《しゅうや》)が、そうせずにいられなかったのは、なぜですか。

ぼくは、ちんもくが、[　　]で、何《なに》か言《い》わなきゃとあせるから。

③ この「ぼく」に対《たい》して、律《りつ》は、いつも、どんな様子《ようす》でしたか。

ちんもくなんてちっとも気《き》にせず、いつでも[　　　　　]だった。

帰《かえ》り道《みち》 (4)

名前

● 次《つぎ》の文章《ぶんしょう》を二回《にかい》読《よ》んで、答《こた》えましょう。

1

そっと後《うし》ろをふり返《かえ》ると、やっぱり、今日《きょう》も律《りつ》はおっとりと一歩一歩《いっぽいっぽ》をきざんでいる。まぶしげに目《め》を細《ほそ》め、木《こ》もれ日《び》をふりあおぐしぐさにも、よゆうが見《み》てとれる。ぼくにはない落《お》ち着《つ》きっぷりに見入《みい》っていると、とつぜん、律《りつ》の両目《りょうめ》が大《おお》きく見開《みひら》かれた。

※木《こ》もれ日《び》…木々《きぎ》の枝葉《えだは》のすき間《ま》からもれてくる日光《にっこう》。
※しぐさ…体《からだ》の動《うご》かし方《かた》。身《み》ぶり。

2

なんだ、と思《おも》う間《ま》もなく、ぼくのほおに最初《さいしょ》の一滴《いってき》が当《あ》たった。

㋐大《おお》つぶの水玉《みずたま》がみるみる地面《じめん》をおおっていく。天気雨《てんきあめ》――頭《あたま》では分《わ》かっていながらも、ピンポン球《だま》のことばかり考《かんが》えていたせいか、空《そら》からじゃんじゃん降《ふ》ってくる㋑それが、ぼくの目《め》には一《いっ》しゅん、㋒無数《むすう》の白《しろ》い球《たま》みたいにうつったんだ。

※天気雨《てんきあめ》…空《そら》は晴《は》れているのに、さっと降《ふ》るにわか雨《あめ》。

（令和二年度版　光村図書　国語六　創造　森《もり》　絵都《えと》）

1 の文章《ぶんしょう》を読《よ》んで、答《こた》えましょう。

(1) そっと後《うし》ろをふり返《かえ》った「ぼく」(周也《しゅうや》)は、律《りつ》のどんな様子《ようす》に見入《みい》りましたか。

自分《じぶん》にはない［　　　　］。

2 の文章《ぶんしょう》を読《よ》んで、答《こた》えましょう。

(1) ㋐大《おお》つぶの水玉《みずたま》が…おおっていく。とは、どんな様子《ようす》を表《あらわ》していますか。○をつけましょう。

(　) 大《おお》つぶの雨《あめ》が少《すこ》しだけふって、地面《じめん》が水玉《みずたま》もようになる様子《ようす》。

(　) 大《おお》つぶの雨《あめ》がふり、あっという間《ま》に地面全体《じめんぜんたい》をぬらす様子《ようす》。

(2) ㋑それとは、何《なに》を指《さ》しますか。文中《ぶんちゅう》の三文字《さんもじ》の言葉《ことば》で答《こた》えましょう。

［　］［　］［　］

(3) 天気雨《てんきあめ》が、ぼくの目《め》に、㋒無数《むすう》の白《しろ》い球《たま》みたいにうつったのは、なぜですか。

ぼくが、［　　　　］の ことばかり考《かんが》えていたから。

帰《かえ》り道《みち》 (5)

名前

● 次《つぎ》の文章《ぶんしょう》を二回《にかい》読《よ》んで、答《こた》えましょう。

1

［天気雨《てんきあめ》が、ぼく（周也《しゅうや》）の目《め》には、一《いっ》しゅん、無数《むすう》の白《しろ》い球《たま》みたいにうつった。］

　ぼくがむだに放《ほう》ってきた球《たま》の逆襲《ぎゃくしゅう》。「うおっ。」と思《おも》わずとび上《あ》がったら、後《うし》ろからも「何《なに》これ。」と律《りつ》の声《こえ》がして、ぼくたちは全身《ぜんしん》に雨《あめ》を浴《あ》びながら、しばらくの間《あいだ》ばたばたと暴《あば》れまくった。はね上《あ》がる水《みず》しぶき。びしょぬれのくつ。たがいのあわてっぷり。㋐何《なに》もかもがむしょうにおかしくて、雨《あめ》が通《とお》りすぎるなり、㋑笑《わら》いがあふれだした。律《りつ》もいっしょに笑《わら》ってくれたのがうれしくて、㋒ぼくはことさらに大声《おおごえ》をはり上《あ》げた。

※逆襲《ぎゃくしゅう》…せめられていた方《ほう》が、逆《ぎゃく》に、こうげきすること。
※むしょうに…やたらに。
※ことさら…わざと。

2

　はっとしたのは、㋓爆発的《ばくはつてき》な笑《わら》いが去《さ》った後《あと》、律《りつ》が急《きゅう》にひとみを険《けわ》しくしてつぶやいたときだ。
㋔「ぼく、晴《は》れが好《す》きだけど、たまには、雨《あめ》も好《す》きだ。ほんとに両方《りょうほう》、好《す》きなんだ。」

（令和二年度版　光村図書　国語六　創造　森《もり》　絵都《えと》）

1

(1) ㋐何《なに》もかもとは、何《なに》を指《さ》していますか。すべてに○をつけましょう。

（　）ぼくがむだに放《ほう》った球《たま》。
（　）はね上《あ》がる水《みず》しぶき。
（　）びしょぬれのくつ。
（　）たがいのあわてっぷり。

(2) ㋑笑《わら》いがあふれだしたのは、なぜですか。

何《なに》もかもが、むしょうに、［　　　　］から。

(3) ㋒ぼくがことさらに大声《おおごえ》をはり上《あ》げたのは、なぜですか。

律《りつ》もいっしょに笑《わら》ってくれたのが［　　　　］から。

2

(1) ㋓ひとみを険《けわ》しくしてとは、どんな様子《ようす》のことですか。○をつけましょう。

（　）しんけんな目《め》をして。
（　）目《め》をきらきらかがやかせて。

(2) ㋔は、だれが言《い》った言葉《ことば》ですか。○をつけましょう。

（　）周也《しゅうや》　（　）律《りっ》

帰《かえ》り道《みち》 (6)

名前

● 次《つぎ》の文章《ぶんしょう》を二回《にかい》読《よ》んで、答《こた》えましょう。

1

〔律《りつ》は、急《きゅう》に、「ぼく、晴《は》れが好《す》きだけど、たまには、雨《あめ》も好《す》きだ。ほんとに両方《りょうほう》、好《す》きなんだ。」とつぶやいた。〕

たしかに、そうだ。晴《は》れがいいけど、こんな雨《あめ》なら大《だい》かんげい。どっちも好《す》きってこともある。心《こころ》で賛成《さんせい》しながらも、ぼくはとっさにそれを言葉《ことば》にできなかった。こんなときにかぎって口《くち》が動《うご》かず、できたのは、だまってうなずくだけ。なのに、なぜだか律《りつ》は雨上《あめあ》がりみたいなえがおにもどって、ぼくにうなずき返《かえ》したんだ。

「行《い》こっか。」

「うん。」

※とっさ…あっという間《ま》。ごく短《みじか》い時間《じかん》。

2

しめった土《つち》のにおいがただようトンネルを、律《りつ》と並《なら》んで再《ふたた》び歩《ある》きだしながら、ひょっとして――と、ぼくは思《おも》った。投《な》げそこなった。でも、ぼくは初《はじ》めて、律《りつ》の言葉《ことば》をちゃんと受《う》け止《と》められたのかもしれない。

（令和二年度版　光村図書　国語六　創造　森《もり》　絵都《えと》）

1

(1) 律《りつ》の言葉《ことば》を聞《き》いて、「ぼく」(周也《しゅうや》)は、どうしましたか。二《ふた》つに○をつけましょう。

（　）「たしかに、そうだ。」と律《りつ》に言《い》った。

（　）心《こころ》で賛成《さんせい》しながら、それをすぐに言葉《ことば》にできなかった。

（　）だまったまま、首《くび》をたてにふった。

（　）だまって、首《くび》を横《よこ》にふった。

(2) 「ぼく」(周也《しゅうや》)がうなずいた後《あと》、律《りつ》はどんな表情《ひょうじょう》で「ぼく」にうなずき返《かえ》しましたか。文中《ぶんちゅう》の言葉《ことば》を使《つか》って答《こた》えましょう。

□□□□みたいな□□□。

2

律《りつ》と再《ふたた》び歩《ある》きだした「ぼく」(周也《しゅうや》)が、思《おも》ったことは、どんなことですか。文中《ぶんちゅう》の言葉《ことば》を使《つか》って書《か》き出《だ》しましょう。

言葉《ことば》を投《な》げそこなったが、

（　　　　　　　）

ということ。

本《ほん》は友達《ともだち》　地域《ちいき》の施設《しせつ》を活用《かつよう》しよう

名前

教科書《きょうかしょ》の「地域《ちいき》の施設《しせつ》を活用《かつよう》しよう」を読《よ》んで、答《こた》えましょう。

(1) 次《つぎ》の①、②の施設《しせつ》について説明《せつめい》した文章《ぶんしょう》で、（　）にあてはまる言葉《ことば》を□から選《えら》んで書《か》きましょう。

① 文学館《ぶんがくかん》

物語《ものがたり》の作者《さくしゃ》や作品《さくひん》について深《ふか》く知《し》りたいときに行《い》くとよい施設《しせつ》。一人《ひとり》の作家《さっか》を中心《ちゅうしん》にあつかったところや、（　　　）につながりのある作家《さっか》や作品《さくひん》を集《あつ》めたところなどがある。写真《しゃしん》や（　　　）、手紙《てがみ》などの資料《しりょう》から、作家《さっか》の人生《じんせい》を知《し》ることができる。

地域《ちいき》・年表《ねんぴょう》

② 博物館《はくぶつかん》・資料館《しりょうかん》・美術館《びじゅつかん》

歴史《れきし》、（　　　）、芸術《げいじゅつ》、産業《さんぎょう》、自然科学《しぜんかがく》などについて深《ふか》く知《し》りたいときに行《い》くとよい施設《しせつ》。館内《かんない》には、展示《てんじ》パネルや、実物《じつぶつ》の模型《もけい》、パンフレットなどのさまざまな（　　　）がある。

資料《しりょう》・文化《ぶんか》

(2) 次《つぎ》のカードは、地域《ちいき》の施設《しせつ》で調《しら》べて分《わ》かったことを、記録《きろく》した例《れい》です。㋐～㋒にあてはまる言葉《ことば》を□から選《えら》んで書《か》きましょう。

記録《きろく》カード　4月《がつ》27日《にち》

・（　㋐　）こと

人類《じんるい》で初《はじ》めて月《つき》に着陸《ちゃくりく》したのは，いつか。

・（　㋑　）こと

「1969年《ねん》7月《がつ》20日《にち》，アポロ11号《ごう》が月《つき》に着陸《ちゃくりく》し，2名《めい》のアメリカ人《じん》宇宙飛行士《うちゅうひこうし》が人類史上初《じんるいしじょうはじ》めて月面《げつめん》におり立《た》った。」（109ページ）

・（　㋒　）

「おもしろい世界《せかい》の歴史《れきし》」
田中《たなか》○○　監修《かんしゅう》
△△社《しゃ》，2020年《ねん》

出典《しゅってん》・分《わ》かった・調《しら》べる

㋐（　　　　）

㋑（　　　　）

㋒（　　　　）

漢字《かんじ》の形《かたち》と音《おん》・意味《いみ》 (1)
(同《おな》じ部分《ぶぶん》で同《おな》じ音《おん》)

名前

● ①、②の□には、それぞれ同《おな》じ読《よ》み方《かた》の漢字《かんじ》が入《はい》ります。あてはまる漢字《かんじ》を[ ]から選《えら》んで書《か》きましょう。また、それらの漢字《かんじ》の共通《きょうつう》する部分《ぶぶん》を□に書《か》きましょう。

① カ

㋐ 公園《こうえん》の桜《さくら》が開《かい》□した。

㋑ 大《おお》きな□物船《もっせん》が港《みなと》に入《はい》る。

㋒ 地域《ちいき》の伝統文《でんとうぶん》□について調《しら》べる。

[化・貨・花]

・共通《きょうつう》する部分《ぶぶん》 化

② キュウ

㋐ 野《や》□の試合《しあい》を見《み》に行《い》く。

㋑ おこづかいの値上《ねあ》げを要《よう》□する。

㋒ □急車《きゅうしゃ》が病院《びょういん》へ向《む》かう。

[救・球・求]

・共通《きょうつう》する部分《ぶぶん》 □

漢字《かんじ》の形《かたち》と音《おん》・意味《いみ》 (2)
(同《おな》じ部分《ぶぶん》で同《おな》じ音《おん》)

名前

● ①、②の□には、それぞれ同《おな》じ読《よ》み方《かた》の漢字《かんじ》が入《はい》ります。あてはまる漢字《かんじ》を□から選《えら》んで書《か》きましょう。また、それらの漢字《かんじ》の共通《きょうつう》する部分《ぶぶん》を□に、読《よ》み方《かた》を（　）にカタカナで書《か》きましょう。

①

㋐ 交通規《こうつうき》□を守《まも》る。

㋑ 白《しろ》い箱《はこ》の□面《めん》に色《いろ》をぬる。

㋒ 保健室《ほけんしつ》で身体《しんたい》□定《てい》をする。

則・測・側

・共通《きょうつう》する部分《ぶぶん》 □

・読《よ》み方《かた》（ソク）

②

㋐ 今日《きょう》は□天《てん》で、洗《せん》たく物《もの》がよくかわく。

㋑ 昨日《きのう》の出来事《できごと》について冷《れい》□に判断《はんだん》する。

㋒ 作文《さくぶん》の下書《したが》きを見直《みなお》し、□書《しょ》する。

㋓ あの□年《ねん》は、もうすぐ大学《だいがく》を卒業《そつぎょう》する。

清・静・青・晴

・共通《きょうつう》する部分《ぶぶん》 □

・読《よ》み方《かた》（　）

漢字《かんじ》の形《かたち》と音《おん》・意味《いみ》 (3)

（同《おな》じ部分《ぶぶん》で同《おな》じ音《おん》）

名前

● ①、②の□には、それぞれ同《おな》じ読《よ》み方《かた》の漢字《かんじ》が入《はい》ります。あてはまる漢字《かんじ》を□から選《えら》んで書《か》きましょう。また、それらの漢字《かんじ》の共通《きょうつう》する部分《ぶぶん》を□に、読《よ》み方《かた》を（　）にカタカナで書《か》きましょう。

①

㋐ 計画《けいかく》どおり続《つづ》けるべきだと主《しゅ》□する。

㋑ インタビューで聞《き》いたことを手《て》□にメモする。

㋒ 一人一人《ひとりひとり》の□所《しょ》を見《み》つけよう。

長・張・帳

・共通《きょうつう》する部分《ぶぶん》 □

・読《よ》み方《かた》（　）

②

㋐ 賛成《さんせい》の意見《いけん》だけでなく、□対《たい》の意見《いけん》も聞《き》く。

㋑ 図工《ずこう》の時間《じかん》に□画《が》を制作《せいさく》する。

㋒ 毎日午前七時《まいにちごぜんしちじ》に朝《あさ》ご□を食《た》べる。

飯・反・版

・共通《きょうつう》する部分《ぶぶん》 □

・読《よ》み方《かた》（　）

漢字《かんじ》の形《かたち》と音《おん》・意味《いみ》 (4)
(同《おな》じ部分《ぶぶん》と意味《いみ》)

名前

(1) 次《つぎ》の①〜③の漢字《かんじ》には、共通《きょうつう》する部分《ぶぶん》があります。その部分《ぶぶん》の名前《なまえ》を[　]から選《えら》んで□に書《か》きましょう。また、その部分《ぶぶん》が表《あらわ》す意味《いみ》を下《した》から選《えら》んで——線《せん》で結《むす》びましょう。

① 家　安　室　宿　[　　] •

② 思　感　念　志　[　　] •

③ 後　徒　往　復　[　　] •

• 心《こころ》に関係《かんけい》する意味《いみ》。

• 「行《い》く」や「道《みち》」などの意味《いみ》。

• 「家《いえ》」やおおうことに関係《かんけい》する意味《いみ》。

[こころ　・　ぎょうにんべん　・　うかんむり]

(2) 月（にくづき）は、元《もと》は「肉《にく》」で、体《からだ》に関係《かんけい》のある漢字《かんじ》に使《つか》われます。次《つぎ》の絵《え》の㋐〜㋔にあてはまる漢字《かんじ》を[　]から選《えら》んで書《か》きましょう。

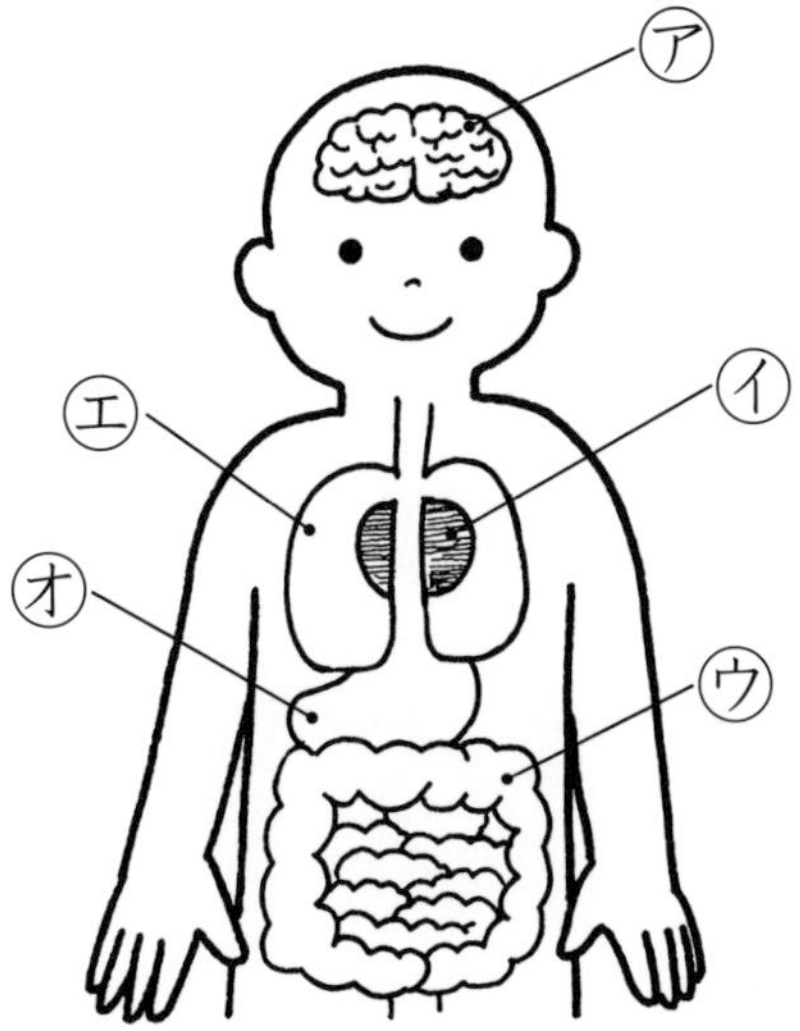

㋐ □のう

㋑ 心《しん》□ぞう

㋒ □ちょう

㋓ □はい

㋔ □い

[脳・肺・胃・腸・臓]

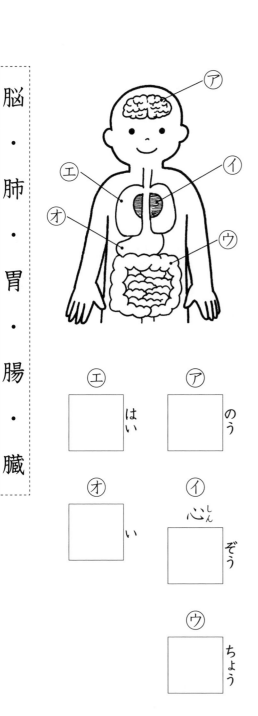

漢字《かんじ》の形《かたち》と音《おん》・意味《いみ》 (5)

（同《おな》じ部分《ぶぶん》と意味《いみ》）

名前

(1) 次《つぎ》の①～③の部分《ぶぶん》をもつ漢字《かんじ》を□から二《ふた》つずつ選《えら》んで□に書《か》きましょう。
また、その部分《ぶぶん》が表《あらわ》す意味《いみ》を下《した》から選《えら》んで――線《せん》で結《むす》びましょう。

① 亻 □□ ・　　・心《こころ》に関係《かんけい》する意味《いみ》。

② 扌 □□ ・　　・人《ひと》に関係《かんけい》する意味《いみ》。

③ 忄 □□ ・　　・手《て》に関係《かんけい》する意味《いみ》。

（例：作）

作・指・快・情・住・投

(2) 次《つぎ》の①～③の部分《ぶぶん》をもつ漢字《かんじ》を□から二《ふた》つずつ選《えら》んで□に書《か》きましょう。
また、その部分《ぶぶん》が表《あらわ》す意味《いみ》を下《した》から選《えら》んで――線《せん》で結《むす》びましょう。

① 頁 □□ ・　　・力《ちから》の働《はたら》きに関係《かんけい》する意味《いみ》。

② 力 □□ ・　　・刀《かたな》の働《はたら》きに関係《かんけい》する意味《いみ》。

③ 刂 □□ ・　　・人《ひと》の頭《あたま》に関係《かんけい》する意味《いみ》。

顔・動・判・効・別・額

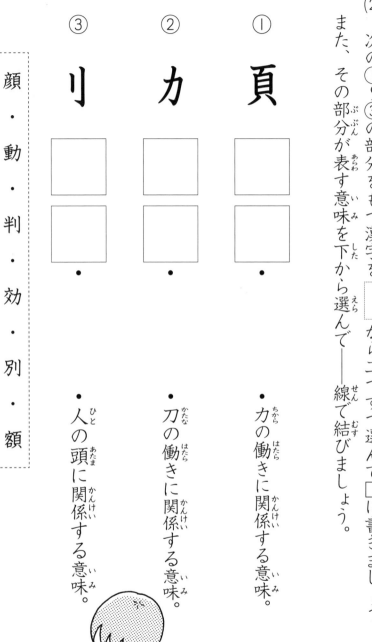

漢字《かんじ》の形《かたち》と音《おん》・意味《いみ》 (6)
（同《おな》じ部分《ぶぶん》と意味《いみ》）

名前

● 次《つぎ》の文《ぶん》に合《あ》うように、同《おな》じ部分《ぶぶん》をもつ漢字《かんじ》を□から選《えら》んで□に書《か》きましょう。
また、それぞれの同《おな》じ部分《ぶぶん》が表《あらわ》す意味《いみ》を□から選《えら》んで記号《きごう》で答《こた》えましょう。

①

㋐ 国《こく》□《ご》の時間《じかん》に、□《し》を音《おん》□《どく》する。

㋑ □《はな》し合《あ》いで決《き》まったことを、□《き》録《ろく》する。

㋒ 算数《さんすう》の□《し》験《けん》で、□《けい》算問題《さんもんだい》を解《と》く。

話・読・計・記・語・詩・試

〈意味《いみ》〉□

②

㋐ 理科《りか》の□《じっ》験道具《けんどうぐ》を□《あん》□《てい》した場所《ばしょ》に置《お》く。

㋑ □《か》族《ぞく》みんなで大《おお》きなおふろのある□《やど》にとまる。

㋒ 教《きょう》□《しつ》に、お□《きゃく》様《さま》をお招《まね》きする。

室・安・家・客・宿・定・実

〈意味《いみ》〉□

〈意味《いみ》〉

Ⓐ 家《いえ》に関係《かんけい》する意味《いみ》。
Ⓘ 言葉《ことば》に関係《かんけい》する意味《いみ》。

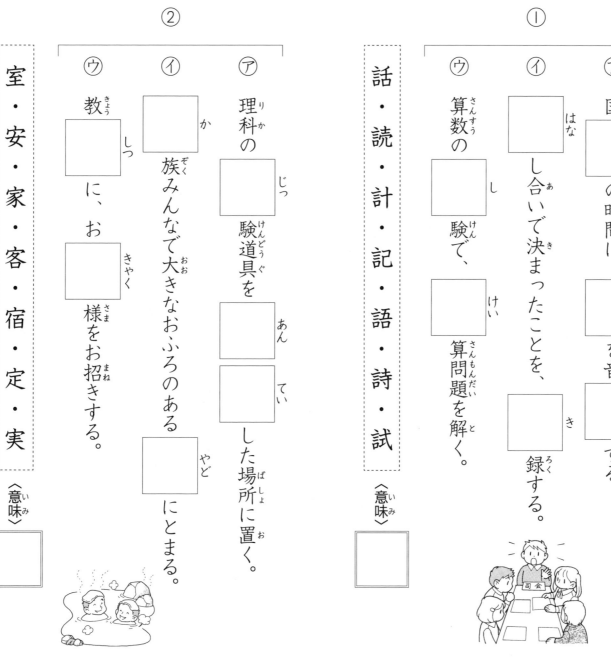

季《き》節《せつ》の言葉《ことば》1

春《はる》のいぶき (1)

名前

教科書《きょうかしょ》の「季節《きせつ》の言葉《ことば》1　春《はる》のいぶき」を読《よ》んで、答《こた》えましょう。

(1) 次《つぎ》の文章《ぶんしょう》で、（　）にあてはまる言葉《ことば》を[　]から選《えら》んで書《か》きましょう。

日本《にほん》では、（　　　　）のうえで季節《きせつ》を（　　　　）に区切《くぎ》っていました（二十四節気《にじゅうしせっき》）。「春《はる》」には、順《じゅん》に、立春《りっしゅん》・雨水《うすい》・啓蟄《けいちつ》・春分《しゅんぶん》・清明《せいめい》・穀雨《こくう》の、（　　　　）の言葉《ことば》があります。

六《むっ》つ　・　二十四《にじゅうよん》　・　こよみ

(2) 次《つぎ》の説明《せつめい》にあてはまる二十四節気《にじゅうしせっき》の言葉《ことば》を[　]から選《えら》んで[　]に書《か》きましょう。また、その読《よ》みがなを（　）に書《か》きましょう。

① こよみのうえで、春《はる》が始《はじ》まる日《ひ》。（二月四日《にがつよっか》ごろ）

[　　　　]（　　　　）

② 雪《ゆき》が雨《あめ》に変《か》わり、積《つ》もった雪《ゆき》が解《と》け始《はじ》めるころ。（二月十九日《にがつじゅうくにち》ごろ）

[　　　　]（　　　　）

③ 昼《ひる》と夜《よる》の長《なが》さが、ほぼ等《ひと》しくなる日《ひ》。（三月二十一日《さんがつにじゅういちにち》ごろ）

[　　　　]（　　　　）

春分　・　立春　・　雨水

季節《きせつ》の言葉《ことば》1

春《はる》のいぶき (2)

名前

(1) 次《つぎ》の短歌《たんか》を二回音読《にかいおんどく》して、答《こた》えましょう。

木立《こだち》より雪解《ゆきげ》のしづ《(ず)》く落《お》つるおと
聞《き》きつつわれは歩《あゆ》みをとどむ

斎藤《さいとう》 茂吉《もきち》

※雪解《ゆきげ》…雪《ゆき》どけのこと。

① 五《ご》・七《しち》・五《ご》・七《しち》・七《しち》のリズムで読《よ》めるように、上《うえ》の短歌《たんか》を／線《せん》で区切《くぎ》りましょう。

② 上《うえ》の短歌《たんか》で、作者《さくしゃ》はどんなことに気《き》がついて春《はる》を感《かん》じていますか。（　）にあてはまる言葉《ことば》を［　］から選《えら》んで書《か》きましょう。

木《き》の枝《えだ》から（　　）が解《と》けて、（　　）が
落《お》ちる音《おと》。

［しずく・雪《ゆき》］

(2) 次《つぎ》の俳句《はいく》を二回音読《にかいおんどく》して、答《こた》えましょう。

掘《ほ》り返《かえ》す塊《つちくれ》光《ひか》る穀雨《こくう》かな

西山《にしやま》 泊雲《はくうん》

※塊《つちくれ》…土《つち》のかたまり。
※穀雨《こくう》…春《はる》を表《あらわ》す、二十四節気《にじゅうしせっき》の言葉《ことば》の一《ひと》つ。いろいろな穀物《こくもつ》をうるおし、芽《め》を出《だ》させる春《はる》の雨《あめ》という意味《いみ》。これを過《す》ぎると、いよいよ夏《なつ》が近《ちか》づいてくる。
(四月二十日《しがつはつか》ごろ)

① 五《ご》・七《しち》・五《ご》のリズムで読《よ》めるように、上《うえ》の俳句《はいく》を／線《せん》で区切《くぎ》りましょう。

② 上《うえ》の俳句《はいく》から、季語《きご》（季節《きせつ》を表《あらわ》す言葉《ことば》）を書《か》き出《だ》しましょう。(習《なら》っていない漢字《かんじ》は、ひらがなで書《か》きましょう。)

［　　　　］

③ 上《うえ》の俳句《はいく》で、作者《さくしゃ》は何《なに》を見《み》て春《はる》の季節《きせつ》を感《かん》じていますか。〇をつけましょう。

（　）雨《あめ》にぬれて光《ひか》る土《つち》のかたまり。
（　）畑《はたけ》でとれた穀物《こくもつ》。

(令和二年度版　光村図書　国語六　創造「季節の言葉１　春のいぶき」による)

聞《き》いて、考《かんが》えを深《ふか》めよう

名前

● 教科書《きょうかしょ》の「聞《き》いて、考《かんが》えを深《ふか》めよう」を読《よ》んで、答《こた》えましょう。

次《つぎ》の文章《ぶんしょう》は、「学習《がくしゅう》では、シャープペンシルよりもえんぴつを使《つか》ったほうがよい。」という話題《わだい》に対《たい》しての、岡田《おかだ》さんの意見《いけん》です。この文章《ぶんしょう》を読《よ》んで、問題《もんだい》に答《こた》えましょう。

わたしは、学習《がくしゅう》ではえんぴつを使《つか》ったほうがいいという考《かんが》えに賛成《さんせい》です。

それは、えんぴつのほうがしんが折《お》れにくく、書《か》いているときに集中《しゅうちゅう》できるからです。

シャープペンシルも使《つか》ったことがありますが、えんぴつに比《くら》べると、しんが折《お》れやすかったです。

ア、書《か》いているとちゅうで、しんを出《だ》すためにノックボタンをおすのは、少《すこ》しの時間《じかん》ですが、それまでにしていたことや考《かんが》えていたことが一度《いちど》中断《ちゅうだん》された感《かん》じがしました。

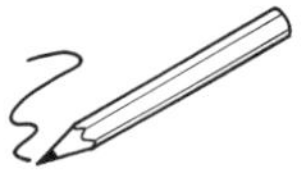

（令和二年度版　光村図書　国語六　創造「聞いて、考えを深めよう」による）

(1) 岡田《おかだ》さんは、「学習《がくしゅう》では、シャープペンシルよりえんぴつを使《つか》ったほうがよい。」という話題《わだい》に対《たい》して、どんな立場《たちば》をとっていますか。○をつけましょう。

（　）賛成《さんせい》　（　）反対《はんたい》

(2) 岡田《おかだ》さんは、(1)の立場《たちば》をとった理由《りゆう》を挙《あ》げています。文中《ぶんちゅう》から一文《いちぶん》を書《か》き出《だ》しましょう。

(3) 岡田《おかだ》さんは意見《いけん》を裏《うら》づける事例《じれい》をいくつ挙《あ》げていますか。○をつけましょう。

（　）一《ひと》つ　（　）二《ふた》つ

(4) ア にあてはまるつなぎ言葉《ことば》を一《ひと》つ選《えら》んで○をつけましょう。

（　）だから

（　）けれども

（　）また

笑《わら》うから楽《たの》しい (1)

名前

● 次《つぎ》の文章《ぶんしょう》を二回《にかい》読《よ》んで、答《こた》えましょう。

1

① 私《わたし》たちの体《からだ》の動《うご》きと心《こころ》の動《うご》きは、密接《みっせつ》に関係《かんけい》しています。例《たと》えば、私《わたし》たちは悲《かな》しいときに泣《な》く、楽《たの》しいときに笑《わら》うというように、心《こころ》の動《うご》きが体《からだ》の動《うご》きに表《あらわ》れます。

※密接《みっせつ》…関係《かんけい》が深《ふか》くて強《つよ》いようす。

2

しかし、㋐それと同時《どうじ》に、㋑体《からだ》を動《うご》かすことで、心《こころ》を動《うご》かすこともできるのです。泣《な》くと悲《かな》しくなったり、笑《わら》うと楽《たの》しくなったりするということです。

（令和二年度版　光村図書　国語六　創造　中村《なかむら》　真《まこと》）

1

(1) 私《わたし》たちの何《なに》と何《なに》が、密接《みっせつ》に関係《かんけい》していますか。

［　　　　］と［　　　　］。

(2) 心《こころ》の動《うご》きが体《からだ》の動《うご》きに表《あらわ》れる事例《じれい》として、どんなことが挙《あ》げられていますか。

［　　　　］ときに泣《な》き、［　　　　］ときに笑《わら》うということ。

2

(1) ㋐それとは、何《なに》を指《さ》しますか。

［　　　　］の動《うご》きが［　　　　］の動《うご》きに表《あらわ》れること。

(2) ㋑体《からだ》を動《うご》かすことで、心《こころ》を動《うご》かすこともできる二《ふた》つの事例《じれい》を表《ひょう》にまとめました。（　）にあてはまる言葉《ことば》を書《か》きましょう。

体《からだ》を動《うご》かすこと	心《こころ》を動《うご》かすこと
①（　　　）	悲《かな》しくなる
笑《わら》う	②（　　　）なる

笑《わら》うから楽《たの》しい (2)

名前

●次《つぎ》の文章《ぶんしょう》を二回《にかい》読《よ》んで、答《こた》えましょう。

1

② 私《わたし》たちの脳《のう》は、体《からだ》の動《うご》きを読《よ》み取《と》って、それに合《あ》わせた心《こころ》の動《うご》きを呼《よ》び起《お》こします。㋐ある実験《じっけん》で、参加者《さんかしゃ》に口《くち》を横《よこ》に開《ひら》いて、歯《は》が見《み》えるようにしてもらいました。このときの顔《かお》の動《うご》きは、笑《わら》っているときの表情《ひょうじょう》と、とてもよく似《に》ています。実験《じっけん》の参加者《さんかしゃ》は、自分《じぶん》たちがえがおになっていることに気《き》づいていませんでしたが、自然《しぜん》とゆかいな気持《きも》ちになっていました。

2

このとき、脳《のう》は表情《ひょうじょう》から「今《いま》、自分《じぶん》は笑《わら》っている」と判断《はんだん》し、笑《わら》っているときの心《こころ》の動《うご》き、つまり楽《たの》しい気持《きも》ちを引《ひ》き起《お》こしていたのです。

※判断《はんだん》…どのようにしたらよいか、考《かんが》えて決《き》めること。

（令和二年度版　光村図書　国語六　創造　中村《なかむら》　真《まこと》）

1

(1) ㋐ある実験《じっけん》で、参加者《さんかしゃ》にどんなふうにしてもらいましたか。

□を横《よこ》に開《ひら》いて、□が見《み》えるようにしてもらった。

(2) 実験《じっけん》で参加者《さんかしゃ》にしてもらった顔《かお》の動《うご》きは、どういう表情《ひょうじょう》と、とてもよく似《に》ていますか。文中《ぶんちゅう》の言葉《ことば》で書《か》きましょう。

(3) 実験《じっけん》の参加者《さんかしゃ》は、実験《じっけん》の中《なか》でどんな気持《きも》ちになっていましたか。文中《ぶんちゅう》の言葉《ことば》で書《か》きましょう。

□□と□□□□気持《きも》ち。

2

(1) 脳《のう》は表情《ひょうじょう》から何《なん》と判断《はんだん》していましたか。

(2) 脳《のう》は、笑《わら》っているときの、どんな気持《きも》ちを引《ひ》き起《お》こしていたのですか。

笑《わら》うから楽《たの》しい　(3)

名前

● 次《つぎ》の文章《ぶんしょう》を二回読《にかいよ》んで、答《こた》えましょう。

1

③ 表情《ひょうじょう》によって呼吸《こきゅう》が変化《へんか》し、脳内《のうない》の血液温度《けつえきおんど》が変《か》わることも、私《わたし》たちの心《こころ》の動《うご》きを決《き》める大切《たいせつ》な要素《ようそ》の一《ひと》つです。

※要素《ようそ》…もとになることがら。

2

人《ひと》は、脳《のう》を流《なが》れる血液《けつえき》の温度《おんど》が低《ひく》ければ、ここちよく感《かん》じることが分《わ》かっています。

㋐笑《わら》ったときの表情《ひょうじょう》は、笑《わら》っていないときと比《くら》べて、鼻《はな》の入《い》り口《ぐち》が広《ひろ》くなるので、多《おお》くの空気《くうき》を取《と》りこむことができます。えがおになって、たくさんの空気《くうき》を吸《す》いこむと、脳《のう》を流《なが》れる血液《けつえき》が冷《ひ》やされて、㋑楽《たの》しい気持《きも》ちが生《しょう》じるのです。

※生《しょう》じる…起《お》こる。生《う》まれる。

（令和二年度版　光村図書　国語六　創造　中村《なかむら》　真《まこと》）

1 筆者《ひっしゃ》は、どんなことも私《わたし》たちの心《こころ》の動《うご》きを決《き》める大切《たいせつ》な要素《ようそ》の一《ひと》つだと述《の》べていますか。

表情《ひょうじょう》によって呼吸《こきゅう》が□し、脳内《のうない》の□が変《か》わること。

2

(1) 脳《のう》を流《なが》れる血液《けつえき》の温度《おんど》が低《ひく》ければ、人《ひと》は、どう感《かん》じますか。

□感《かん》じる。

(2) ㋐笑《わら》ったときから、㋑楽《たの》しい気持《きも》ちが生《しょう》じるまでに起《お》こることを順番《じゅんばん》に考《かんが》え、□にあてはまる言葉《ことば》を書《か》きましょう。

① 笑《わら》う（えがおになる）。
⬅
② □の入《い》り口《ぐち》が広《ひろ》くなる。
⬅
③ たくさんの□□を吸《す》いこむ。
⬅
④ 脳《のう》を流《なが》れる□□が冷《ひ》やされる。
⬅
⑤ 楽《たの》しい気持《きも》ちが生《しょう》じる。

時計《とけい》の時間《じかん》と心《こころ》の時間《じかん》 (1)

名前

● 次《つぎ》の文章《ぶんしょう》を二回《にかい》読《よ》んで、答《こた》えましょう。

1

みなさんが「時間《じかん》」と聞《き》いて思《おも》いうかべるのは、きっと時計《とけい》が表《あらわ》す時間《じかん》のことでしょう。私《わたし》はこれを、「時計《とけい》の時間《じかん》」とよんでいます。「時計《とけい》の時間《じかん》」は、もともとは、地球《ちきゅう》の動《うご》きをもとに定《さだ》められたもので、いつ、どこで、だれが計《はか》っても同《おな》じように進《すす》みます。

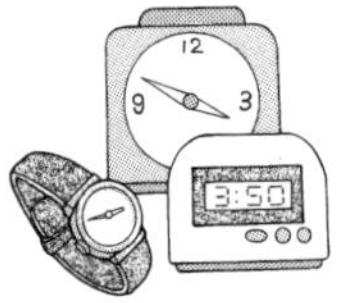

2

しかし、「心《こころ》の時間《じかん》」はちがいます。「心《こころ》の時間《じかん》」とは、私《わたし》たちが体感《たいかん》している時間《じかん》のことです。みなさんは、あっというまに時間《じかん》が過《す》ぎるように感《かん》じたり、なかなか時間《じかん》がたたないと思《おも》ったりしたことはありませんか。私《わたし》たちが感《かん》じている時間《じかん》は、いつでも、どこでも、だれにとっても、同《おな》じものとはいえません。「心《こころ》の時間《じかん》」には、さまざまな事《こと》がらのえいきょうを受《う》けて進《すす》み方《かた》が変《か》わったり、人《ひと》によって感覚《かんかく》がちがったりする㋐特性《とくせい》があるのです。

※特性《とくせい》…特別《とくべつ》な性質《せいしつ》。ここでは、「心《こころ》の時間《じかん》」の性質《せいしつ》。

（令和二年度版　光村図書　国語六　創造　一川《いちかわ》　誠《まこと》）

1

(1) 筆者《ひっしゃ》が「時計《とけい》の時間《じかん》」とよんでいるのは、どんな時間《じかん》のことですか。文中《ぶんちゅう》の言葉《ことば》で書《か》きましょう。

［　　　　　］時間《じかん》。

(2) 「時計《とけい》の時間《じかん》」の説明《せつめい》をしているものを、二《ふた》つ選《えら》んで○をつけましょう。

（　）地球《ちきゅう》の動《うご》きをもとに定《さだ》められた。
（　）人《ひと》によってちがうこともある。
（　）いつ、どこで、だれが計《はか》っても同《おな》じ。

2

(1) 筆者《ひっしゃ》が「心《こころ》の時間《じかん》」とよんでいるのは、どんな時間《じかん》のことですか。文中《ぶんちゅう》の言葉《ことば》で書《か》きましょう。

［　　　　　　　　　　］時間《じかん》。

(2) 「心《こころ》の時間《じかん》」の㋐特性《とくせい》を説明《せつめい》しているものを、二《ふた》つ選《えら》んで○をつけましょう。

（　）いつでも、どこでも、だれにとっても、同《おな》じ。
（　）さまざまな事《こと》がらのえいきょうを受《う》けて進《すす》み方《かた》が変《か》わる。
（　）人《ひと》によって感覚《かんかく》がちがう。

時計《とけい》の時間《じかん》と心《こころ》の時間《じかん》 (2)

名前

● 次《つぎ》の文章《ぶんしょう》を二回《にかい》読《よ》んで、答《こた》えましょう。

1

「心《こころ》の時間《じかん》」には、さまざまな事《こと》がらのえいきょうを受《う》けて進《すす》み方《かた》が変《か》わったり、人《ひと》によって感覚《かんかく》がちがったりする特性《とくせい》があるのです。

㋐分《わ》かりやすい例《れい》が、「その人《ひと》がそのときに行《おこな》っていることをどう感《かん》じているかによって、進《すす》み方《かた》が変《か》わる」というものです。

2

みなさんも、楽《たの》しいことをしているときは時間《じかん》がたつのが速《はや》く、たいくつなときはおそく感《かん》じたという経験《けいけん》があるでしょう。

㋑このようなことが起《お》こるのは、時間《じかん》を気《き》にすることに、時間《じかん》を長《なが》く感《かん》じさせる効果《こうか》があるためだと考《かんが》えられています。

（令和二年度版　光村図書　国語六　創造　一川《いちかわ》　誠《まこと》）

1 「心《こころ》の時間《じかん》」の特性《とくせい》の㋐分《わ》かりやすい例《れい》の中《なか》で、「心《こころ》の時間《じかん》」の進《すす》み方《かた》は、何《なに》によって変《か》わると筆者《ひっしゃ》は述《の》べていますか。文中《ぶんちゅう》の言葉《ことば》で書《か》きましょう。

［　　　］が［　　　］に行《おこな》っていることを［　　　］によって、進《すす》み方《かた》が変《か》わる。

2

(1) ㋑このようなこととは、どのようなことを指《さ》していますか。

楽《たの》しいことをしているときは時間《じかん》がたつのが［　　　］、たいくつなときは［　　　］感《かん》じたこと。

(2) ㋑このようなことが起《お》こるのは、どうしてだと考《かんが》えられていますか。文中《ぶんちゅう》から言葉《ことば》を書《か》き出《だ》しましょう。

［　　　］

時計《とけい》の時間《じかん》と心《こころ》の時間《じかん》 (3)

名前

● 次《つぎ》の文章《ぶんしょう》を二回《にかい》読《よ》んで、答《こた》えましょう。

1

（楽《たの》しいことをしているときは時間《じかん》がたつのが速《はや》く、たいくつなときはおそく感《かん》じるというのは、時間《じかん》を気《き》にすることに、時間《じかん》を長《なが》く感《かん》じさせる効果《こうか》があるためだと考《かんが》えられています。）

例《たと》えば、あなたがゲームに夢中《むちゅう》になっているときには、集中《しゅうちゅう》しているので、時間《じかん》を気《き》にする回数《かいすう》が減《へ》ります。すると、時間《じかん》はあっというまに過《す》ぎるように感《かん》じます。

2

逆《ぎゃく》に、きらいなことやつまらなく感《かん》じることには、集中《しゅうちゅう》しにくくなるので、時間《じかん》を気《き》にする回数《かいすう》が増《ふ》えます。その結果《けっか》、時間《じかん》がなかなか進《す》まないように感《かん》じるのです。

（令和二年度版　光村図書　国語六　創造　一川《いちかわ》　誠《まこと》）

1

(1) ゲームに夢中《むちゅう》になっているときのことは、どんなときの例《れい》として挙《あ》げられていますか。○をつけましょう。

（　）楽《たの》しいことをしているとき。

（　）たいくつなとき。

(2) ゲームに夢中《むちゅう》になっているとき、時間《じかん》を気《き》にする回数《かいすう》が減《へ》るのは、なぜですか。

(3) ゲームに夢中《むちゅう》になっているときの時間《じかん》は、どんなふうに感《かん》じますか。

ように感《かん》じる。

2

(1) きらいなことやつまらなく感《かん》じることとは、どんなときの例《れい》ですか。○をつけましょう。

（　）楽《たの》しいとき。

（　）たいくつなとき。

(2) きらいなことやつまらなく感《かん》じることには、時間《じかん》はどんなふうに感《かん》じますか。

ように感《かん》じる。

時計《とけい》の時間《じかん》と心《こころ》の時間《じかん》 (4)

名前

● 次《つぎ》の文章《ぶんしょう》を二回読《にかいよ》んで、答《こた》えましょう。

1

　一日《いちにち》の時間帯《じかんたい》によっても、「心《こころ》の時間《じかん》」の進《すす》み方《かた》は変《か》わります。実験《じっけん》①は㋐この変化《へんか》について調《しら》べたものです。実験《じっけん》の参加者《さんかしゃ》に、一日四回《いちにちよんかい》、決《き》まった時刻《じこく》に、時計《とけい》を見《み》ないで三十秒《さんじゅうびょう》の時間《じかん》を計《はか》ってもらい、そのとき「時計《とけい》の時間《じかん》」がどのくらい経過《けいか》していたかを記録《きろく》してもらいました。

※経過《けいか》していた…（時間《じかん》が）たっていた。

2

　実験《じっけん》①のグラフは、それぞれの時刻《じこく》ごとに、記録《きろく》の平均《へいきん》を示《しめ》したものです。グラフを見《み》ると、感《かん》じた時間《じかん》は同《おな》じ三十秒《さんじゅうびょう》でも、朝《あさ》や夜《よる》は、昼《ひる》に比《くら》べて長《なが》い時間《じかん》がたっていたことが分《わ》かります。

実験《じっけん》①
時間帯《じかんたい》による時間《じかん》の感《かん》じ方《かた》の変化《へんか》

　計測《けいそく》した時刻《じこく》ごとに、複数《ふくすう》の参加者《さんかしゃ》の記録《きろく》を平均《へいきん》し、その数値《すうち》をグラフとして表《あらわ》した。

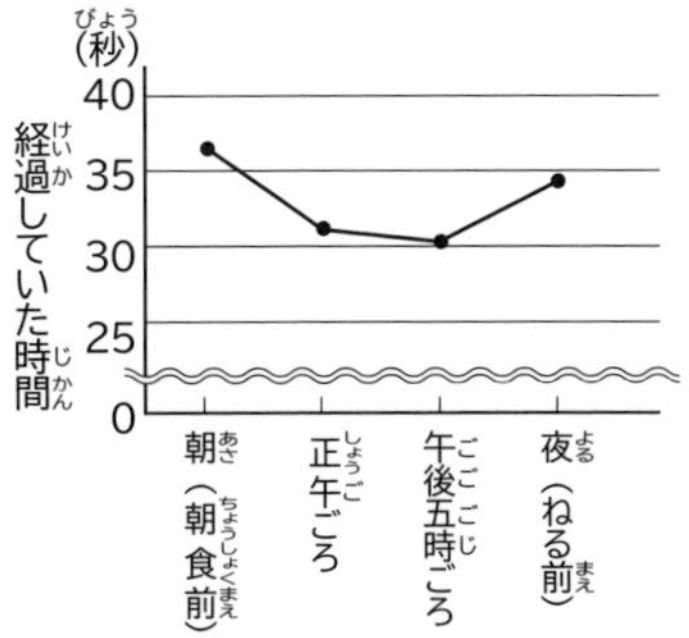

（令和二年度版　光村図書　国語六　創造　一川《いちかわ》　誠《まこと》）

1

(1) 実験《じっけん》①で調《しら》べた㋐この変化《へんか》とは、何《なん》の変化《へんか》のことですか。文中《ぶんちゅう》の言葉《ことば》で書《か》きましょう。

一日《いちにち》の□□□□による「□□□□」の進《すす》み方《かた》の変化《へんか》。

(2) 実験《じっけん》①で、参加者《さんかしゃ》には、どのようにして三十秒《さんじゅうびょう》の時間《じかん》を計《はか》ってもらいましたか。○をつけましょう。

（　）時計《とけい》を見《み》ながら計《はか》ってもらった。
（　）時計《とけい》を見《み》ないで計《はか》ってもらった。

2

(1) 実験《じっけん》①のグラフを見《み》ると、どんなことが分《わ》かりますか。文中《ぶんちゅう》から書《か》き出《だ》しましょう。

感《かん》じた時間《じかん》は同《おな》じ三十秒《さんじゅうびょう》でも、

(2) 上《うえ》のグラフから、三十秒《さんじゅうびょう》と感《かん》じた時間《じかん》が、「時計《とけい》の時間《じかん》」でいちばん長《なが》い時間《じかん》だったのは、いつですか。○をつけましょう。

（　）朝《あさ》
（　）午後五時《ごごごじ》ごろ

時計《とけい》の時間《じかん》と心《こころ》の時間《じかん》　(5)

名前

● 次《つぎ》の文章《ぶんしょう》を二回《にかい》読《よ》んで、答《こた》えましょう。

1

「時間帯《じかんたい》による時間《じかん》の感《かん》じ方《かた》の変化《へんか》」を調《しら》べた実験《じっけん》で、参加者《さんかしゃ》に時計《とけい》を見《み》ないで三十秒《さんじゅうびょう》の時間《じかん》を計《はか》ってもらい、そのとき「時計《とけい》の時間《じかん》」がどのくらいだったかをグラフに表《あらわ》しました。

グラフを見《み》ると、㋐感《かん》じた時間《じかん》は同《おな》じ三十秒《さんじゅうびょう》でも、朝《あさ》や夜《よる》は、昼《ひる》に比《くら》べて長《なが》い時間《じかん》がたっていたことが分《わ》かります。つまり、昼《ひる》よりも時間《じかん》が速《はや》くたつように感《かん》じているということなのです。

2

㋑これは、その時間帯《じかんたい》の体《からだ》の動《うご》きのよさと関係《かんけい》があると考《かんが》えられています。私《わたし》たちの体《からだ》は、朝《あさ》、起《お》きたばかりのときや、夜《よる》、ねる前《まえ》には、動《うご》きが悪《わる》くなります。すると、昼間《ひるま》であればすぐにできることでも、時間《じかん》がかかるので、あっというまに時間《じかん》が過《す》ぎるように感《かん》じるのです。

（令和二年度版　光村図書　国語六　創造　一川《いちかわ》　誠《まこと》）

1 ㋐感《かん》じた時間《じかん》は…朝《あさ》や夜《よる》は、昼《ひる》に比《くら》べて長《なが》い時間《じかん》がたっていたとありますが、これは、実験《じっけん》の参加者《さんかしゃ》がどう感《かん》じていたことになりますか。○をつけましょう。

（　）朝《あさ》も夜《よる》も昼《ひる》と変《か》わらない。

（　）朝《あさ》や夜《よる》は、昼《ひる》よりも時間《じかん》が速《はや》くたつように感《かん》じていた。

2

(1) ㋑これとは、どういうことを指《さ》していますか。

朝《あさ》や夜《よる》は、昼《ひる》よりも時間《じかん》が［　　　］たつように感《かん》じているということ。

(2) 朝《あさ》や夜《よる》には、私《わたし》たちの体《からだ》の動《うご》きはどうなりますか。○をつけましょう。

（　）体《からだ》の動《うご》きは、悪《わる》くなる。

（　）体《からだ》の動《うご》きは、よくなる。

(3) 朝《あさ》や夜《よる》に、あっというまに時間《じかん》が過《す》ぎるように感《かん》じるのは、なぜですか。

昼間《ひるま》であればすぐにできることでも、［　　　］から。

情報《じょうほう》 主張《しゅちょう》と事例《じれい》

名前

教科書《きょうかしょ》の「主張《しゅちょう》と事例《じれい》」を読《よ》んで、答《こた》えましょう。

(1) 次《つぎ》の文章《ぶんしょう》は、「事例《じれい》」について説明《せつめい》したものです。（　）にあてはまる言葉《ことば》を[　]から選《えら》んで書《か》きましょう。

事例《じれい》には、（　　）や調査《ちょうさ》によって分《わ》かったことや、実際《じっさい》の経験《けいけん》、現在《げんざい》のようすにもとづいたことなどがあります。話《はな》したり書《か》いたりするときには、（　　）にとって分《わ》かりやすい事例《じれい》を挙《あ》げるようにします。また、「主張《しゅちょう》と事例《じれい》」の（　　）をもとにして考《かんが》えて、話《はなし》や文章《ぶんしょう》の構成《こうせい》をすることも大切《たいせつ》です。

[相手《あいて》・実験《じっけん》・関係《かんけい》]

(2) 次《つぎ》の①、②の主張《しゅちょう》を支《ささ》える「事例《じれい》」として合《あ》うほうに○をつけましょう。

① 学校《がっこう》の昼休《ひるやす》みは短《みじか》いほうがいいと思《おも》います。

（　）昼休《ひるやす》みが短《みじか》い分《ぶん》、学校《がっこう》が早《はや》く終《お》われば、放課後《ほうかご》の自由《じゆう》な時間《じかん》がふえて友達《ともだち》とたくさん遊《あそ》べます。

（　）昼休《ひるやす》みは、放課後《ほうかご》には習《なら》いごとでいそがしい友達《ともだち》とも遊《あそ》ぶことができる、ぼくにとって大切《たいせつ》な時間《じかん》です。

② 学校《がっこう》の昼食《ちゅうしょく》は、給食《きゅうしょく》より弁当《べんとう》のほうがいいと思《おも》います。

（　）家《いえ》では食《た》べたことのない料理《りょうり》が給食《きゅうしょく》に出《で》てきて、楽《たの》しくなることがあります。

（　）私《わたし》には給食《きゅうしょく》の量《りょう》が多《おお》くて、時間内《じかんない》に食《た》べきれないことがあります。

話《はな》し言葉《ことば》と書《か》き言葉《ことば》

名前

教科書《きょうかしょ》の「話《はな》し言葉《ことば》と書《か》き言葉《ことば》」を読《よ》んで、答《こた》えましょう。

(1) 次《つぎ》の（　）にあてはまる言葉《ことば》を□から選《えら》んで書《か》きましょう。

・（　　）で表《あらわ》す言葉《ことば》を、話《はな》し言葉《ことば》という。言葉《ことば》に表《あらわ》してもすぐに消《き》える。

・（　　）で表《あらわ》す言葉《ことば》を、書《か》き言葉《ことば》という。言葉《ことば》に表《あらわ》すと、消《き》えずに残《のこ》る。

文字《もじ》 ・ 音声《おんせい》

(2) 次《つぎ》の㋐～㋔は、話《はな》し言葉《ことば》と書《か》き言葉《ことば》の、どちらの特徴《とくちょう》にあてはまりますか。記号《きごう》で答《こた》えましょう。

話《はな》し言葉《ことば》 □ □ □

書《か》き言葉《ことば》 □ □

㋐ 声《こえ》の大《おお》きさや上《あ》げ下《さ》げ、間《ま》の取《と》り方《かた》などで、自分《じぶん》の気持《きも》ちを表《あらわ》すことができる。

㋑ 相手《あいて》に応《おう》じて、敬語《けいご》を使《つか》ったり、方言《ほうげん》と共通語《きょうつうご》のどちらかにしたりなど、言葉《ことば》づかいを選《えら》ぶ必要《ひつよう》がある。

㋒ だれにでも分《わ》かるように、共通語《きょうつうご》で示《しめ》し、語順《ごじゅん》や構成《こうせい》を整《ととの》える。

㋓ その場《ば》に相手《あいて》がいることが多《おお》いので、言《い》いまちがいをすぐ直《なお》せる。

㋔ 手元《てもと》をはなれると書《か》き直《なお》せないため、主語《しゅご》を明《あき》らかにしたり、誤字《ごじ》がないようにしたりする必要《ひつよう》がある。

たのしみは

名前

● 次《つぎ》の短歌《たんか》と文章《ぶんしょう》を二回読《にかいよ》んで、答《こた》えましょう。

橘《たちばな》　曙覧《あけみ》は、次《つぎ》のような歌《うた》を作《つく》っています。

あ　たのしみは妻子《めこ》むつまじくうちつどひ(い)　頭《かしら》ならべて物《もの》をくふ(う)時《とき》

私《わたし》が楽《たの》しみとするのは、妻《つま》や子《こ》どもたちと仲《なか》よく集《あつ》まり、並《なら》んでいっしょに何《なに》かを食《た》べるときだ。

い　たのしみは朝《あさ》おきいでて昨日《きのう》まで　無《な》かりし花《はな》の咲《さ》ける見《み》る時《とき》

私《わたし》が楽《たの》しみとするのは、朝起《あさお》きて庭《にわ》に目《め》をやると、昨日《きのう》までは咲《さ》いていなかった花《はな》が美《うつく》しく咲《さ》いているのを見《み》るときだ。

（令和二年度版　光村図書　国語六　創造「たのしみは」による）

(1) 五《ご》・七《しち》・五《ご》・七《しち》・七《しち》のリズムで読《よ》めるように、あといの二《ふた》つの短歌《たんか》を／線《せん》で区切《くぎ》りましょう。

(2) 次《つぎ》の文《ぶん》は、あといの二《ふた》つの短歌《たんか》に共通《きょうつう》することを、説明《せつめい》するものです。□にあてはまる言葉《ことば》を短歌《たんか》の中《なか》から書《か》き出《だ》しましょう。

歌人《かじん》の橘《たちばな》　曙覧《あけみ》は、日常《にちじょう》の暮《く》らしの中《なか》に楽《たの》しみや喜《よろこ》びを見《み》いだして、「□□□□□」で始《はじ》まり、「□」で結《むす》ぶ短歌《たんか》に表《あらわ》しています。

(3) 次《つぎ》の①、②は、あ、いのどちらの短歌《たんか》で伝《つた》えている楽《たの》しみですか。記号《きごう》で答《こた》えましょう。

① 朝起《あさお》きた時《とき》。　□

② 家族《かぞく》が集《あつ》まって、何《なに》かを食《た》べる時《とき》。　□

(4) あの短歌《たんか》で「仲《なか》がよい」ことを何《なん》と表《あらわ》していますか。短歌《たんか》の中《なか》の五文字《ごもじ》の言葉《ことば》で書《か》き出《だ》しましょう。

□□□□□

文《ぶん》の組《く》み立《た》て (1)

名前

教科書《きょうかしょ》の「文《ぶん》の組《く》み立《た》て」を読《よ》んで、答《こた》えましょう。

(1) 日本語《にほんご》の文《ぶん》には、自由《じゆう》に語順《ごじゅん》を決《き》められるところと、ふつうは定《さだ》まっているところがあります。書《か》き言葉《ことば》の場合《ばあい》、ふつう文末《ぶんまつ》に置《お》かれるのは、次《つぎ》のどれですか。一《ひと》つに○をつけましょう。

（　）主語《しゅご》

（　）述語《じゅつご》

（　）修飾語《しゅうしょくご》

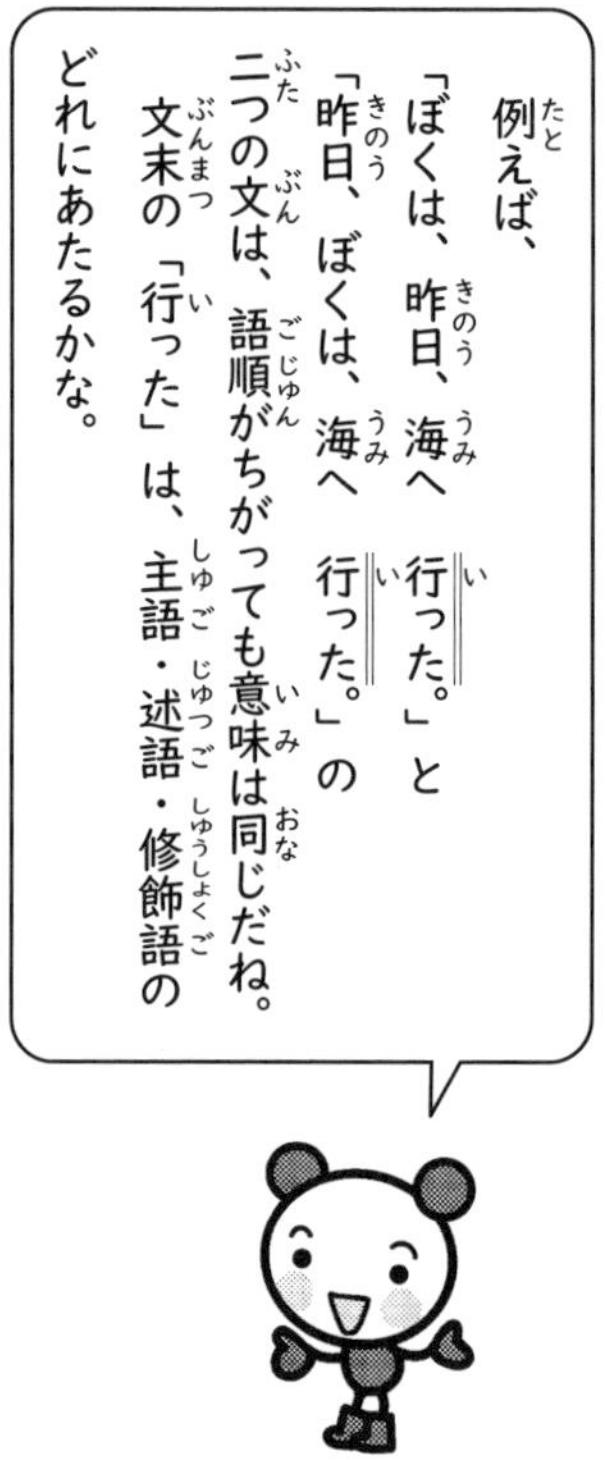

(2) 次《つぎ》の㋐、㋑の文《ぶん》には、図《ず》で示《しめ》したように主語《しゅご》と述語《じゅつご》の関係《かんけい》がそれぞれ二《ふた》つあります。この二《ふた》つの文《ぶん》を見《み》て、問《と》いに答《こた》えましょう。

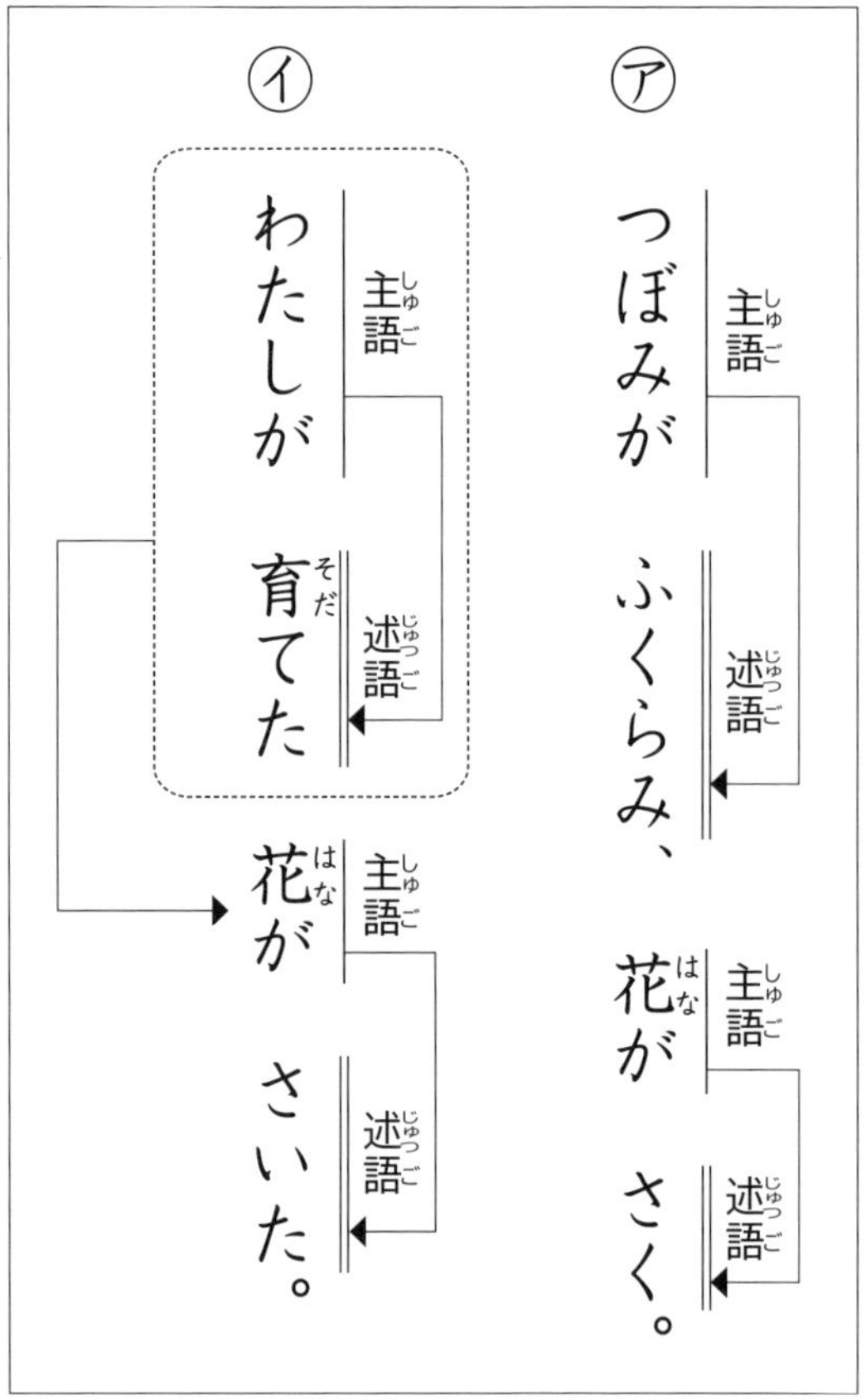

① 「二組《ふたくみ》の主語《しゅご》と述語《じゅつご》の関係《かんけい》が、対等《たいとう》に並《なら》んでいるもの」は、㋐、㋑のどちらですか。記号《きごう》で答《こた》えましょう。

□

② ㋑の文《ぶん》は、「二組《ふたくみ》の主語《しゅご》と述語《じゅつご》の関係《かんけい》があるが、どちらかが文《ぶん》の中心《ちゅうしん》になっているもの」です。文《ぶん》の中心《ちゅうしん》となっているほうに○をつけましょう。

（　）わたしが　育《そだ》てた

（　）花《はな》が　さいた

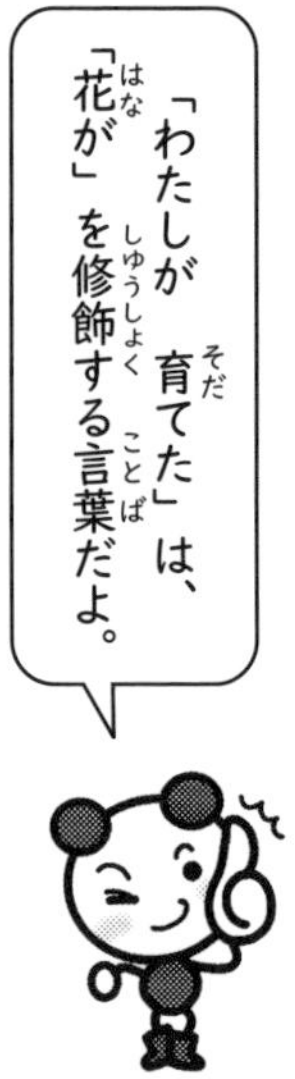

文《ぶん》の組《く》み立《た》て (2)

名前

● 次《つぎ》の文《ぶん》には、主語《しゅご》と述語《じゅつご》の関係《かんけい》が二《ふた》つあります。〈例《れい》〉にならって、主語《しゅご》には——線《せん》を、述語《じゅつご》には═══線《せん》を引《ひ》き、その関係《かんけい》を矢印《やじるし》で示《しめ》しましょう。

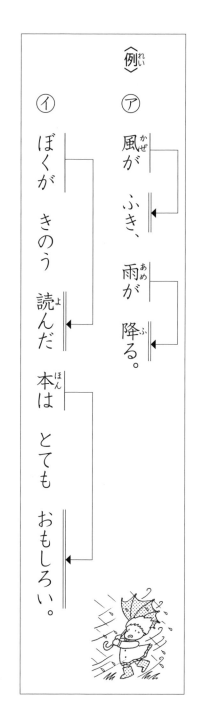

〈例《れい》〉

㋐ 風《かぜ》が　ふき、　雨《あめ》が　降《ふ》る。

㋑ ぼくが　きのう　読《よ》んだ　本《ほん》は　とても　おもしろい。

① 春《はる》が　きて、　花《はな》が　さく。

② わたしが　育《そだ》てた　魚《さかな》は　めだかだ。

③ のりが　なかった　うえに、　テープも　なかった。

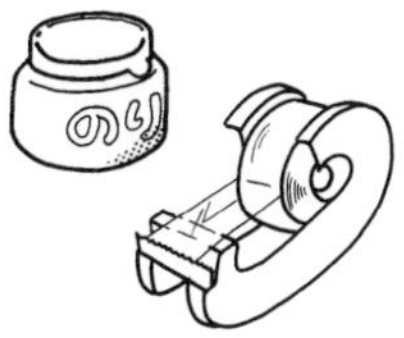

④ 広《ひろ》い　公園《こうえん》が　完成《かんせい》し、　ぼくたちは　喜《よろこ》んだ。

⑤ みんなが　乗《の》った　バスが　目的地《もくてきち》に　着《つ》いた。

⑥ 祖父《そふ》が　ぼくに　くれた　プレゼントは　野球《やきゅう》の　グローブだった。

文《ぶん》の組《く》み立《た》て (3)

名前

(1) 次《つぎ》の文《ぶん》を読《よ》み、問題《もんだい》に答《こた》えましょう。

わたしが 飼《か》っている 犬《いぬ》が 赤《あか》ちゃんを 産《う》んだ。

① ——線《せん》を引《ひ》いた「犬《いぬ》が」を修飾《しゅうしょく》する言葉《ことば》を書《か》き出《だ》しましょう。

わたしが飼っている

② 「犬《いぬ》が」の述語《じゅつご》を書《か》きましょう。

産んだ

この文《ぶん》には、二組《ふたくみ》の主語《しゅご》と述語《じゅつご》の関係《かんけい》があるけれど、中心《ちゅうしん》となっている文《ぶん》は、「犬《いぬ》が——産《う》んだ。」だね。

(2) 次《つぎ》の——線《せん》を引《ひ》いた言葉《ことば》を修飾《しゅうしょく》する言葉《ことば》を書《か》き出《だ》しましょう。また、——線《せん》の言葉《ことば》の述語《じゅつご》を書《か》きましょう。

① 母《はは》が くれた ももは とても おいしかった。

〈修飾《しゅうしょく》する言葉《ことば》〉

〈述語《じゅつご》〉

② ぼくが 見《み》つけた 鳥《とり》が 木《き》の 枝《えだ》に 止《と》まった。

〈修飾《しゅうしょく》する言葉《ことば》〉

〈述語《じゅつご》〉

文《ぶん》の組《く》み立《た》て ⑷

名前

(1) 次《つぎ》の文《ぶん》を読《よ》み、問題《もんだい》に答《こた》えましょう。

わたしが 飲《の》んでいる お茶《ちゃ》は とても 冷《つめ》たい。

① ――線《せん》の述語《じゅつご》に対《たい》する主語《しゅご》を書《か》きましょう。

お茶は

② 「お茶《ちゃ》は」を修飾《しゅうしょく》する言葉《ことば》を書《か》き出《だ》しましょう。

わたしが飲んでいる

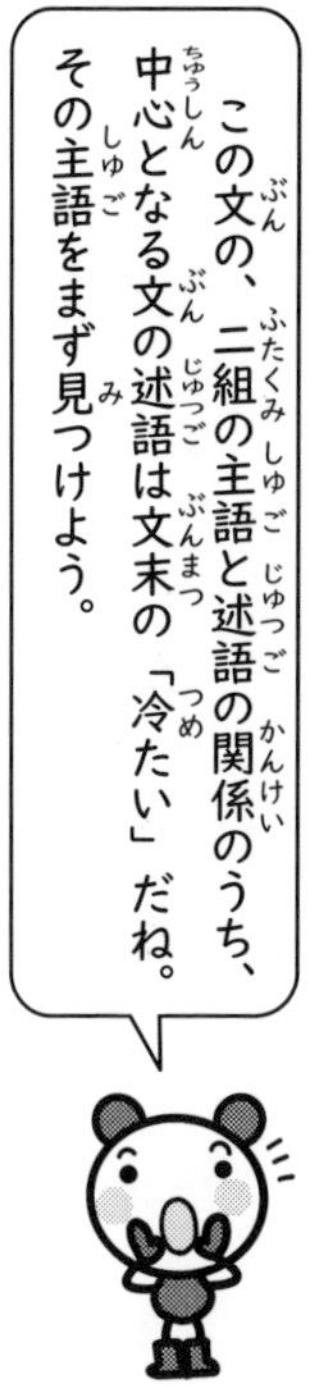

(2) 次《つぎ》の――線《せん》を引《ひ》いた言葉《ことば》の主語《しゅご》を書《か》きましょう。また、その主語《しゅご》を修飾《しゅうしょく》する言葉《ことば》を書《か》き出《だ》しましょう。

① 友達《ともだち》が くれた 金魚《きんぎょ》が 水《すい》そうを 泳《およ》ぐ。

〈主語《しゅご》〉

〈修飾《しゅうしょく》する言葉《ことば》〉

② 父《ちち》が 買《か》ってきた 人形《にんぎょう》は 妹《いもうと》の たから物《もの》だ。

〈主語《しゅご》〉

〈修飾《しゅうしょく》する言葉《ことば》〉

文《ぶん》の組《く》み立《た》て (5)

名前

(1) 次《つぎ》の文《ぶん》を読《よ》み、問題《もんだい》に答《こた》えましょう。

母《はは》が 運転《うんてん》する 車《くるま》が 駅《えき》へ 向《む》かった。

① この文《ぶん》には、二組《ふたくみ》の主語《しゅご》と述語《じゅつご》があります。そのうち、中心《ちゅうしん》となる文《ぶん》の主語《しゅご》と述語《じゅつご》を書《か》きましょう。

〈主語《しゅご》〉 車が

〈述語《じゅつご》〉 向かった

② ①の主語《しゅご》「車《くるま》が」を修飾《しゅうしょく》する言葉《ことば》を書《か》き出《だ》しましょう。

③ もとの文《ぶん》を、二《ふた》つの短《みじか》い文《ぶん》に書《か》き直《なお》します。（　）にあてはまる言葉《ことば》を書《か》きましょう。

母《はは》が（車を）運転《うんてん》する。

（その車が）駅《えき》へ向《む》かった。

(2) 次《つぎ》の文《ぶん》を二《ふた》つの文《ぶん》に書《か》き直《なお》します。（　）にあてはまる言葉《ことば》を書《か》きましょう。

ぼくが 借《か》りた 本《ほん》は 植物図《しょくぶつず》かんだ。

ぼくが（　）借《か》りた。

（　）植物《しょくぶつ》図《ず》かんだ。

文《ぶん》の中心《ちゅうしん》となる主語《しゅご》を見《み》つけ、「その」などの指示語《しじご》を使《つか》って二《ふた》つの文《ぶん》に書《か》き直《なお》そう。

文《ぶん》の組《く》み立《た》て (6)

名前

● 次《つぎ》の文《ぶん》を、〈例《れい》〉にならって二《ふた》つの短《みじか》い文《ぶん》に書《か》き直《なお》しましょう。

〈例《れい》〉父《ちち》が 乗《の》った 電車《でんしゃ》が 駅《えき》に 着《つ》いた。

↓

父《ちち》が電車《でんしゃ》に乗《の》る。

その電車《でんしゃ》が駅《えき》に着《つ》いた。

① ぼくが かいた 絵《え》が コンクールに 入選《にゅうせん》した。

② おばあちゃんが 送《おく》ってくれた みかんは とても おいしかった。

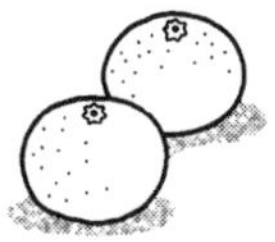

文《ぶん》の組《く》み立《た》て (7)

名前

(1) 次《つぎ》の文《ぶん》を読《よ》み、問題《もんだい》に答《こた》えましょう。

妹《いもうと》が 見《み》つけた ちょうを ぼくが つかまえた。

① この文《ぶん》には、二組《ふたくみ》の主語《しゅご》と述語《じゅつご》があります。そのうち、中心《ちゅうしん》となる文《ぶん》の主語《しゅご》と述語《じゅつご》を書《か》きましょう。

〈主語《しゅご》〉 ぼくが

〈述語《じゅつご》〉 つかまえた

② 何《なに》を、ぼくがつかまえたのですか。

妹《いもうと》が見《み》つけた（　　　　）

③ もとの文《ぶん》を、二《ふた》つの短《みじか》い文《ぶん》に書《か》き直《なお》します。（　）にあてはまる言葉《ことば》を書《か》きましょう。

妹《いもうと》が（ちょうを）見《み》つけた。

（そのちょうを）ぼくがつかまえた。

(2) 次《つぎ》の文《ぶん》を二《ふた》つの文《ぶん》に書《か》き直《なお》します。（　）にあてはまる言葉《ことば》を書《か》きましょう。

弟《おとうと》が つった 魚《さかな》を 母《はは》が 調理《ちょうり》した。

弟《おとうと》が（　　　　）つった。

（　　　　）母《はは》が調理《ちょうり》した。

二《ふた》つの主語《しゅご》と述語《じゅつご》の関係《かんけい》を見《み》つけ、「その」などの指示語《しじご》を使《つか》って二《ふた》つの文《ぶん》に書《か》き直《なお》そう。

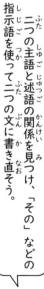

文《ぶん》の組《く》み立《た》て ⑻

名前

● 次《つぎ》の文《ぶん》を、〈例《れい》〉にならって二《ふた》つの短《みじか》い文《ぶん》に書《か》き直《なお》しましょう。

〈例《れい》〉 わたしが 買《か》った 本《ほん》を 妹《いもうと》が 読《よ》んでいる。

わたしが本《ほん》を買《か》った。

その本《ほん》を妹《いもうと》が読《よ》んでいる。

① 姉《あね》が 毎週日曜日《まいしゅうにちようび》に 作《つく》る 料理《りょうり》を 家族《かぞく》は 楽《たの》しみに している。

② 有名《ゆうめい》な まんが家《か》が 出《だ》した 新作《しんさく》を 読《よ》んだ 兄《あに》が 感想《かんそう》を 言《い》う。

天地《てんち》の文《ふみ》

● 教科書《きょうかしょ》の「天地《てんち》の文《ふみ》」の文章《ぶんしょう》を二回《にかい》音読《おんどく》し、意味《いみ》の文《ぶん》も読《よ》んで、答《こた》えましょう。

名前

1

〈もとの文《ぶん》〉
天地日月《てんちじつげつ》。東西南北《とうざいなんぼく》。きたを背《せ》に
南《みなみ》に向《む》かひ《(い)》て右《みぎ》と左《ひだり》に指《ゆび》させば、
ひだりは東《ひがし》、みぎはにし。

(意味《いみ》の文《ぶん》)
㋐天《てん》と地《ち》、そして太陽《たいよう》と月《つき》。東西南北《とうざいなんぼく》。
北《きた》を背《せ》にして南《みなみ》に向《む》かって右《みぎ》と左《ひだり》を
指《ゆび》さすと、左《ひだり》は東《ひがし》、右《みぎ》は西《にし》である。

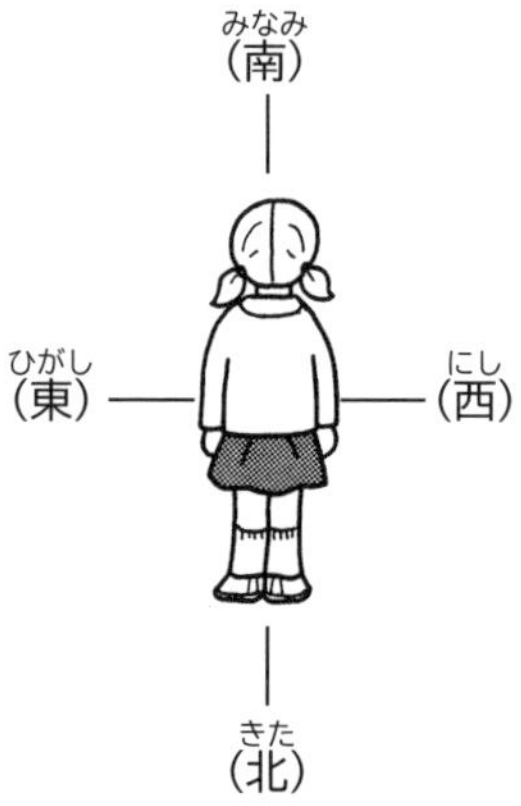

2

〈もとの文《ぶん》〉
㋐日輪《にちりん》、朝《あさ》は東《ひがし》より次第《しだい》にのぼり、
暮《く》れはまたにしに没《ぼっ》して、
夜《よる》くらし。

(意味《いみ》の文《ぶん》)
太陽《たいよう》は、朝《あさ》は東《ひがし》からしだいに
のぼり、暮《く》れには西《にし》にしずんで、
夜《よる》は暗《くら》くなる。

（令和二年度版　光村図書　国語六　創造　福澤《ふくざわ》　諭吉《ゆきち》「天地の文」による）

1

(1) ㋐天《てん》と地《ち》、そして太陽《たいよう》と月《つき》のことを、〈もとの文《ぶん》〉では、何《なん》と書《か》いてありますか。四文字《よんもじ》で書《か》き出《だ》しましょう。

(2) 上《うえ》の文章《ぶんしょう》で、どんなことを説明《せつめい》していますか。○をつけましょう。
（　）太陽《たいよう》と月《つき》が見《み》える方角《ほうがく》。
（　）東西南北《とうざいなんぼく》の方角《ほうがく》のたしかめ方《かた》。

(3) 北《きた》を背《せ》にして南《みなみ》に向《む》かって右《みぎ》を指《ゆび》さすと、どの方角《ほうがく》になるといっていますか。漢字《かんじ》一文字《ひともじ》で答《こた》えましょう。

2

(1) ㋑日輪《にちりん》とは、何《なに》を意味《いみ》しますか。(意味《いみ》の文《ぶん》)から、二文字《にもじ》で書《か》き出《だ》しましょう。

(2) 上《うえ》の文章《ぶんしょう》で、どんなことを説明《せつめい》していますか。一《ひと》つに○をつけましょう。
（　）車《くるま》の車輪《しゃりん》の動《うご》き。
（　）太陽《たいよう》の動《うご》き。
（　）月《つき》の動《うご》き。

情報《じょうほう》

情報《じょうほう》と情報《じょうほう》をつなげて伝《つた》えるとき

名前

教科書《きょうかしょ》の「情報《じょうほう》と情報《じょうほう》をつなげて伝《つた》えるとき」を読《よ》んで、答《こた》えましょう。

● 次《つぎ》の文章《ぶんしょう》を二回《にかい》読《よ》んで、答《こた》えましょう。

岩崎《いわさき》さんは、報告書《ほうこくしょ》を書《か》き直《なお》すことにし、[1]の文章《ぶんしょう》を書《か》きました。

[1]

ブラジルは、農業《のうぎょう》がさかんな国《くに》で、アグロフォレストリーという農法《のうほう》が積極的《せっきょくてき》に行《おこな》われている。㋐
この農法《のうほう》では、いろいろな樹木《じゅもく》や作物《さくもつ》を育《そだ》てている。㋑

これに関連《かんれん》して、岩崎《いわさき》さんが集《あつ》めた情報《じょうほう》には、次《つぎ》の①②があります。

① アグロフォレストリーとは
生育期間《せいいくきかん》が異《こと》なる樹木《じゅもく》や作物《さくもつ》を、同《おな》じ土地《とち》で同時《どうじ》に育《そだ》てる農法《のうほう》。

（中略《ちゅうりゃく》）

② アグロフォレストリーで育《そだ》てているもの
・こしょう（収穫《しゅうかく》まで一《いち》、二年《にねん》。数年間収穫《すうねんかんしゅうかく》できる。）
・果物《くだもの》（収穫《しゅうかく》まで数年《すうねん》。その後長《ごなが》く収穫《しゅうかく》できる。）

（令和二年度版　光村図書　国語六　創造「情報と情報をつなげて伝えるとき」による）

(1) ㋐の部分《ぶぶん》に、①の情報《じょうほう》を加《くわ》え、次《つぎ》のように書《か》き直《なお》しました。{ }の中《なか》で、あてはまる方《ほう》の言葉《ことば》を○で囲《かこ》みましょう。

ブラジルは、農業《のうぎょう》がさかんな国《くに》で、アグロフォレストリーという農法《のうほう》が積極的《せっきょくてき》に行《おこな》われている。アグロフォレストリー{とは／には}、生育期間《せいいくきかん》が異《こと》なる樹木《じゅもく》や作物《さくもつ》を、同《おな》じ土地《とち》で育《そだ》てる農法《のうほう》{がある／のことである}。

(2) ㋑の部分《ぶぶん》に、②の情報《じょうほう》を加《くわ》え、次《つぎ》のように書《か》き直《なお》しました。{ }の中《なか》で、あてはまる方《ほう》の言葉《ことば》を○で囲《かこ》みましょう。

この農法《のうほう》では、いろいろな樹木《じゅもく》や作物《さくもつ》を育《そだ》てている。{このように／たとえば}、収穫《しゅうかく》まで一《いち》、二年《にねん》で、数年間収穫《すうねんかんしゅうかく》できる「こしょう」や、収穫《しゅうかく》まで数年《すうねん》かかるが、その後長《ごなが》く収穫《しゅうかく》できる「果物《くだもの》」{などがある／だからである}。

私《わたし》たちにできること

名前

教科書《きょうかしょ》の「私《わたし》たちにできること」の全文《ぜんぶん》を読《よ》んだ後《あと》、答《こた》えましょう。

● 次《つぎ》の、「節電《せつでん》をして、環境《かんきょう》にやさしい学校《がっこう》へ」という、提案《ていあん》する文章《ぶんしょう》の一部《いちぶ》を読《よ》んで、問題《もんだい》に答《こた》えましょう。

2．提案《ていあん》

(1)　節電情報《せつでんじょうほう》コーナーの設置《せっち》

①　電気《でんき》の大切《たいせつ》さに対《たい》する理解《りかい》を深《ふか》めるために，1階《かい》の昇降口《しょうこうぐち》に節電情報《せつでんじょうほう》コーナーを設《もう》けることを提案《ていあん》する。このコーナーでは，模造紙《もぞうし》などに，節電《せつでん》に関《かん》する情報《じょうほう》㋐をまとめてけいじしたい。

②　これは，1年生《ねんせい》から6年生《ねんせい》までのみんなが，納得《なっとく》して節電《せつでん》に取《と》り組《く》めるようにしたいという理由《りゆう》からだ。

③　具体的《ぐたいてき》には，次《つぎ》のような内容《ないよう》をけいじすることを考《かんが》えている。

・電気《でんき》の使用《しよう》と，環境《かんきょう》へのえいきょう
・学校《がっこう》の，月《つき》ごとの電力使用料《でんりょくしようりょう》（グラフで示《しめ》す）
・学校《がっこう》や家庭《かてい》でできる節電《せつでん》の取《と》り組《く》み

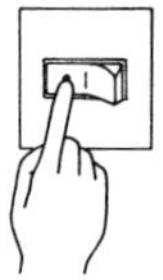

※具体的《ぐたいてき》には…実際《じっさい》にすることとして。

（令和二年度版　光村図書　国語六　創造　「私たちにできること」による）

(1)　この文章《ぶんしょう》で提案《ていあん》していることは、どんなことですか。

1階《かい》の昇降口《しょうこうぐち》に
［　　　　］
こと。

(2)　(1)の提案《ていあん》をした理由《りゆう》は、①～③段落《だんらく》のうち、どの段落《だんらく》に書《か》かれていますか。記号《きごう》で答《こた》えましょう。

［　　］

(3)　㋐節電《せつでん》に関《かん》する情報《じょうほう》の内容《ないよう》として、具体的《ぐたいてき》にいくつ挙《あ》げていますか。○をつけましょう。

（　）二《ふた》つ
（　）三《みっ》つ

(4)　㋐節電《せつでん》に関《かん》する情報《じょうほう》の具体的《ぐたいてき》な内容《ないよう》のうち、グラフで示《しめ》してけいじすることを考《かんが》えているのは、どんな内容《ないよう》ですか。

［　　　　］

季節《きせつ》の言葉《ことば》2

夏《なつ》のさかり (1)

名前

教科書《きょうかしょ》の「季節《きせつ》の言葉《ことば》2　夏《なつ》のさかり」を読《よ》んで、答《こた》えましょう。

(1) 次《つぎ》の二十四節気《にじゅうしせっき》の言葉《ことば》の読《よ》み方《かた》を、□から選《えら》んで（　）に書《か》きましょう。
また、その言葉《ことば》にあう説明《せつめい》を下《した》から選《えら》んで――線《せん》で結《むす》びましょう。

① 立夏（　　　）・　　・一年《いちねん》の中《なか》で、昼《ひる》が最《もっと》も長《なが》く、夜《よる》が最《もっと》も短《みじか》い日《ひ》。（六月二十一日《ろくがつにじゅういちにち》ごろ）

② 夏至（　　　）・　　・晴《は》れた日《ひ》が続《つづ》き、一年《いちねん》のうちで暑《あつ》さが最《もっと》もきびしいころ。（七月二十三日《しちがつにじゅうさんにち》ごろ）

③ 大暑（　　　）・　　・こよみのうえで、夏《なつ》が始《はじ》まる日《ひ》。（五月六日《ごがつむいか》ごろ）

げし　・　たいしょ　・　りっか

(2) 次《つぎ》の短歌《たんか》を二回音読《にかいおんどく》して、答《こた》えましょう。

めざましき若葉《わかば》の色《いろ》の日《ひ》のいろの
揺《ゆ》れを静《しず》かにたのしみにけり

島木《しまき》　赤彦《あかひこ》

※めざましき…目《め》が覚《さ》めるような。

（令和二年度版　光村図書　国語六　創造「季節の言葉2　夏のさかり」による）

① 五《ご》・七《しち》・五《ご》・七《しち》・七《しち》のリズムで読《よ》めるように、上《うえ》の短歌《たんか》を／線《せん》で区切《くぎ》りましょう。

② 上《うえ》の短歌《たんか》で、作者《さくしゃ》はどんな様子《ようす》の葉《は》を見《み》て楽《たの》しんでいると考《かんが》えられますか。○をつけましょう。

（　）緑《みどり》のあざやかな葉《は》が、日《ひ》の光《ひかり》の中《なか》でゆれている様子《ようす》。

（　）太陽《たいよう》のように赤《あか》くなった葉《は》が、風《かぜ》にゆれて落《お》ちていく様子《ようす》。

季節《きせつ》の言葉《ことば》2

夏《なつ》のさかり (2)

名前

● 次《つぎ》の俳句《はいく》を二回音読《にかいおんどく》して、答《こた》えましょう。

1

短夜《みじかよ》やあすの教科書《きょうかしょ》揃《そろ(え)》へ寝《ね》る

日野《ひの》　草城《そうじょう》

2

くず餅《もち》のきな粉《こ》しめりし大暑《たいしょ》かな

鈴木《すずき》　真砂女《まさじょ》

※しめる…しめりけがある。

※大暑《たいしょ》…晴《は》れた日《ひ》がつづき、一年《いちねん》のうちで暑《あつ》さが最《もっと》もきびしいころ。(七月二十三日《しちがつにじゅうさんにち》ごろ)

(令和二年度版　光村図書　国語六　創造「季節の言葉2　夏のさかり」による)

1

(1) 五《ご》・七《しち》・五《ご》のリズムで読《よ》めるように、上《うえ》の俳句《はいく》を／線《せん》で区切《くぎ》りましょう。

(2) 上《うえ》の俳句《はいく》から、夏《なつ》を表《あらわ》す季語《きご》を書《か》き出《だ》しましょう。

(3) 「短夜《みじかよ》」とは、どのような夜《よる》のことですか。○をつけましょう。

(　) 夜明《よあ》けの早《はや》い夜《よる》。

(　) なかなか明《あ》けない夜《よる》。

2

(1) 五《ご》・七《しち》・五《ご》のリズムで読《よ》めるように、上《うえ》の俳句《はいく》を／線《せん》で区切《くぎ》りましょう。

(2) 上《うえ》の俳句《はいく》から、夏《なつ》を表《あらわ》す季語《きご》を書《か》き出《だ》しましょう。

(3) きな粉《こ》がしめってしまったのは、なぜだと考《かんが》えられますか。○をつけましょう。

(　) 大雨《おおあめ》がふったあとだから。

(　) むしむしと暑《あつ》さがきびしい夏《なつ》の日《ひ》だから。

本《ほん》は友達《ともだち》
私《わたし》と本《ほん》

名前

● 教科書《きょうかしょ》の「本《ほん》は友達《ともだち》　私《わたし》と本《ほん》」を読《よ》んで、答《こた》えましょう。

次《つぎ》のブックトークの文章《ぶんしょう》を二回《にかい》読《よ》んで、答《こた》えましょう。

ぼくは、「自然《しぜん》の力強《ちからづよ》さ」というテーマで、三冊《さんさつ》の本《ほん》をしょうかいします。どの本《ほん》も、ぼくがこれまで出会《であ》ったことのない視点《してん》で自然《しぜん》の様子《ようす》がえがかれていて、心《こころ》を動《うご》かされたものです。

①

一冊目《いっさつめ》は、「森《もり》へ」です。この本《ほん》のみりょくは、なんといっても、森《もり》や生《い》き物《もの》の生命力《せいめいりょく》を写《うつ》し取《と》った写真《しゃしん》の力強《ちからづよ》さです。また、言葉《ことば》にもみりょくがあります。特《とく》に心《こころ》に残《のこ》ったのは、――

……

②

これらのような、新《あら》たな視点《してん》をあたえてくれる本《ほん》は、㋐ぼくにとって、とても大切《たいせつ》なものです。気《き》になる本《ほん》があったら、ぜひ、手《て》に取《と》って開《ひら》いてみてください。

③

※視点《してん》…物事《ものごと》を見《み》たり考《かんが》えたりするときの、目《め》のつけどころ。

（令和二年度版　光村図書　国語六　創造「私と本」による）

(1) 「ぼく」は、何《なん》というテーマで着目《ちゃくもく》した本《ほん》をしょうかいしていますか。

(2) 上《うえ》の文章《ぶんしょう》の①～③の部分《ぶぶん》のうち、本《ほん》のみりょくを具体的《ぐたいてき》に伝《つた》えているのは、どの部分《ぶぶん》ですか。記号《きごう》で答《こた》えましょう。

(3) 「ぼく」は、「森《もり》へ」という本《ほん》のみりょくとして、何《なに》をしょうかいしていますか。二《ふた》つに○をつけましょう。

（　）森《もり》や生《い》き物《もの》をえがいた絵《え》。

（　）写真《しゃしん》の力強《ちからづよ》さ。

（　）言葉《ことば》。

(4) どのような本《ほん》が、㋐ぼくにとって、とても大切《たいせつ》なものだと言《い》っていますか。③の部分《ぶぶん》の文中《ぶんちゅう》から書《か》き出《だ》しましょう。

森《もり》へ （1）

名前

● 教科書《きょうかしょ》の「森《もり》へ」の全文《ぜんぶん》を読《よ》んだ後《あと》、次《つぎ》の文章《ぶんしょう》を二回《にかい》読《よ》んで、答《こた》えましょう。

1

〔ここは、南《みなみ》アラスカからカナダにかけて広《ひろ》がる、原生林《げんせいりん》（自然《しぜん》のままの林《はやし》）の世界《せかい》です。〕

ふと気《き》がつくと、道《みち》の真《ま》ん中《なか》に、大《おお》きな黒《くろ》いかたまりが落《お》ちていました。なんだろうと思《おも》って近《ちか》づくと、それは、クマの古《ふる》いふんでした。

2

おどろいたことに、そのふんの中《なか》から、白《しろ》いキノコがたくさんのびています。

あんまりきれいなので、ぼくは地面《じめん》に体《からだ》をふせ、クマのふんにぐっと顔《かお》を近《ちか》づけてみました。いつか北極圏《ほっきょくけん》のツンドラで見《み》た、古《ふる》い動物《どうぶつ》の骨《ほね》の周《まわ》りにさく花々《はなばな》を思《おも》い出《だ》しました。厳《きび》しい自然《しぜん》では、わずかな栄養分《えいようぶん》もむだにはならないのです。

※ツンドラ…北極海沿岸《ほっきょくかいえんがん》に広《ひろ》がる荒《あ》れ果《は》てた野原《のはら》。寒《さむ》さのために、樹木《じゅもく》が育《そだ》たない。

（令和二年度版　光村図書　国語六　創造　星野《ほしの》　道夫《みちお》）

1

(1) 大《おお》きな黒《くろ》いかたまりは、どこに落《お》ちていましたか。

(2) 落《お》ちていた黒《くろ》いかたまりとは、何《なん》でしたか。

2

(1) クマのふんの中《なか》から、たくさんのびていたのは、何《なん》でしたか。

(2) 「ぼく」は、北極圏《ほっきょくけん》のツンドラで見《み》た、何《なに》を思《おも》い出《だ》しましたか。○をつけましょう。

（　）クマのふん。

（　）古《ふる》い動物《どうぶつ》の骨《ほね》の周《まわ》りにさく花々《はなばな》。

(3) (1)や(2)を見《み》たことから、「ぼく」はどんな考《かんが》えを思《おも》い起《お》こしましたか。

［　　　］自然《しぜん》では、［　　　］も

むだにはならないということ。

森《もり》へ (2)

● 次《つぎ》の文章《ぶんしょう》を二回《にかい》読《よ》んで、答《こた》えましょう。

名前

1

クマの道《みち》は、しだいに分《わ》かれ道《みち》が多《おお》くなり、いつのまにか、森《もり》の中《なか》に消《き》えてゆくようでした。ときどきは、高《たか》いやぶをかき分《わ》けて進《すす》まなくてはなりません。㋐そんなとき、倒木《とうぼく》は、森《もり》にかかる橋《はし》のように歩《ある》きやすい道《みち》となりました。

※倒木《とうぼく》…たおれた木《き》。

2

倒木《とうぼく》の道《みち》には、ところどころに、アカリスがトウヒの実《み》を食《た》べたからが積《つ》まれています。動物《どうぶつ》たちも、㋑この自然《しぜん》の道《みち》を利用《りよう》しているのです。今度《こんど》は、森《もり》のリスになったような気分《きぶん》で、倒木《とうぼく》の上《うえ》を歩《ある》きました。

※アカリス…カナダやアメリカの林《はやし》にすむ。キチキチと鳴《な》き、木《き》の実《み》やキノコを好《この》む。

※トウヒ…山《やま》に生《は》える松《まつ》の一種《いっしゅ》。幹《みき》は赤褐色《せきかっしょく》で、ひび割《わ》れている。

（令和二年度版　光村図書　国語六　創造　星野《ほしの》　道夫《みちお》）

1 ㋐そんなときについて答《こた》えましょう。

① 「そんなとき」とは、どんなときのことですか。○をつけましょう。

（　）分《わ》かれ道《みち》があるとき。

（　）高《たか》いやぶをかき分《わ》けて進《すす》まなくては　いけないとき。

② 「そんなとき」、倒木《とうぼく》は、どんなところとなりましたか。

［　　　　］のように歩《ある》きやすい道《みち》。

2

(1) 倒木《とうぼく》の道《みち》に、ところどころに積《つ》まれているものは、何《なん》ですか。○をつけましょう。

（　）アカリスが食《た》べたトウヒの実《み》のから。

（　）アカリスが集《あつ》めたトウヒの実《み》。

(2) ㋑この自然《しぜん》の道《みち》とは、どんな道《みち》のことですか。○をつけましょう。

（　）森《もり》の中《なか》に人間《にんげん》が作《つく》った道《みち》。

（　）倒木《とうぼく》の道《みち》。

(3) 今度《こんど》は、筆者《ひっしゃ》は、どんな気分《きぶん》で倒木《とうぼく》の上《うえ》を歩《ある》きましたか。

［　　　　］

森《もり》へ (3)

名前

● 次《つぎ》の文章《ぶんしょう》を二回読《にかいよ》んで、答《こた》えましょう。

[1]

水《みず》の音《おと》が聞《き》こえてきました。

しばらくすると、視界《しかい》が開《ひら》け、森《もり》の中《なか》を流《なが》れる川《かわ》に出《で》ました。岸《きし》に立《た》つと、水《みず》の流《なが》れは、川底《かわぞこ》の岩《いわ》の色《いろ》なのか、黒《くろ》くしずんで見《み》えました。

※視界《しかい》が開《ひら》ける…広《ひろ》く見《み》わたせるようになる。

[2]

水《みず》を飲《の》もうと水面《すいめん》に顔《かお》を近《ちか》づけ、㋐びっくりしてしまいました。川底《かわぞこ》の色《いろ》だと思《おも》ったのは、産卵《さんらん》のために川《かわ》を上《のぼ》るサケの大群《たいぐん》だったのです。

ぼくは、はだしになって川《かわ》に入《はい》りました。静《しず》かに手《て》を水《みず》の中《なか》に入《い》れ、やっと一《いっ》ぴきのサケをつかむと、㋑ああ、なんと強《つよ》い力《ちから》をもっているのでしょう。ばねのように身《み》を大《おお》きく曲《ま》げながら、はじけるように、ぼくの手《て》から飛《と》びぬけてゆくのです。もうおもしろくてたまりません。

ぼくは、ずぶぬれになりながら、何度《なんど》も同《おな》じことをくり返《かえ》しました。

※産卵《さんらん》…卵《たまご》を産《う》むこと。

（令和二年度版　光村図書　国語六　創造　星野《ほしの》　道夫《みちお》）

[1]

(1) しばらくすると、どこに出《で》ましたか。

(2) 川《かわ》の岸《きし》に立《た》つと、水《みず》の流《なが》れは、どう見《み》えましたか。

□ 見《み》えた。

[2]

(1) 水《みず》を飲《の》もうとして、㋐びっくりしたのは、なぜですか。

□ だと思《おも》ったのは、□ だったから。

(2) ㋑ああ、なんと強《つよ》い力《ちから》をもっているのでしょう。について答《こた》えましょう。

① 「強《つよ》い力《ちから》」をもっていたのは、何《なん》ですか。

② サケは、「強《つよ》い力《ちから》」でどうしましたか。○をつけましょう。

（　）「ぼく」の手《て》から飛《と》びぬけていった。

（　）「ぼく」の体《からだ》にぶつかってきた。

森《もり》へ ⑷

名前

● 次《つぎ》の文章《ぶんしょう》を二回《にかい》読《よ》んで、答《こた》えましょう。

1

ふっと前《まえ》を見《み》ると、
対岸《たいがん》の岩《いわ》の上《うえ》から、
クロクマの親子《おやこ》が、
じっとぼくを
見《み》ているではないですか。ぼくは、
あわてて岸《きし》をかけ上《あ》がりました。
すると、なんてことでしょう。
川《かわ》の上流《じょうりゅう》にも下流《かりゅう》にも、
いつのまにか、クマがあちこちに
いるのです。今《いま》、㋐この森《もり》の川《かわ》は、
サケを食《た》べに来《く》るクマの世界《せかい》でした。
見上《みあ》げれば、子《こ》グマが
木《き》の上《うえ》でねています。どうして
今《いま》まで気《き》がつかなかったのだろう。

※クロクマ…ここでは、アメリカグマのこと。

2

すでに一生《いっしょう》を終《お》えたサケが、
たくさん流《なが》れてきています。
㋑「サケが森《もり》を作《つく》る。」
アラスカの森《もり》に生《い》きる人《ひと》たちの
古《ふる》いことわざです。産卵《さんらん》を終《お》えて
死《し》んだ無数《むすう》のサケが、上流《じょうりゅう》から
下流《かりゅう》へと流《なが》されながら、
森《もり》の自然《しぜん》に栄養《えいよう》を
あたえてゆくからなのです。

（令和二年度版　光村図書　国語六　創造　星野《ほしの》　道夫《みちお》）

1

(1) 対岸《たいがん》の岩《いわ》の上《うえ》から、じっと「ぼく」を見《み》ていたのは、何《なん》ですか。

(2) クロクマの親子《おやこ》に気《き》がついた「ぼく」は、どうしましたか。文中《ぶんちゅう》から一文《いちぶん》で書《か》き出《だ》しましょう。

(3) 今《いま》、㋐森《もり》の川《かわ》は、どんな世界《せかい》でしたか。

2

(1) ㋑「サケが森《もり》を作《つく》る。」とは、どのような言葉《ことば》ですか。○をつけましょう。

（　）「ぼく」がクマに言《い》った言葉《ことば》。

（　）アラスカの森《もり》に伝《つた》わる古《ふる》いことわざ。

(2) ㋑「サケが森《もり》を作《つく》る。」とは、死《し》んだ無数《むすう》のサケが、川《かわ》を流《なが》されながら、どうしてゆくことを表《あらわ》していますか。

ゆくこと。

森《もり》へ (5)

● 次《つぎ》の文章《ぶんしょう》を二回《にかい》読《よ》んで、答《こた》えましょう。

名前

1

　ぼくは、川《かわ》をそっとはなれ、
再《ふた》び森《もり》の中《なか》に入《はい》ってゆきました。
　㋐不思議《ふしぎ》な光景《こうけい》に出会《であ》いました。
地面《じめん》に横《よこ》たわる古《ふる》い倒木《とうぼく》の上《うえ》から、
巨木《きょぼく》が一列《いちれつ》に並《なら》んで
のびているのです。
それは、きっと
㋑こんな物語《ものがたり》が
あったのでしょう。

※光景《こうけい》…その場《ば》から見《み》える景色《けしき》。

2

　昔《むかし》、一本《いっぽん》のトウヒの木《き》が年老《としお》いてたおれました。その木《き》は死《し》んでしまいましたが、まだ、たくさんの栄養《えいよう》をもっていました。長《なが》い年月《ねんげつ》の間《あいだ》に、その幹《みき》の上《うえ》に落《お》ちた幸運《こううん》なトウヒの種子《しゅし》たちがいました。そこに根《ね》を下《お》ろした種子《しゅし》たちは、倒木《とうぼく》の栄養《えいよう》をもらいながら、さらに気《き》の遠《とお》くなるような時間《じかん》の中《なか》で、ゆっくりと大木《たいぼく》に成長《せいちょう》していったのです。つまり、年老《としお》いて死《し》んでしまった倒木《とうぼく》が、新《あたら》しい木々《きぎ》を育《そだ》てたのです。

※気《き》の遠《とお》くなるような時間《じかん》…とても長《なが》い時間《じかん》。

（令和二年度版　光村図書　国語六　創造　星野《ほしの》　道夫《みちお》）

1

(1) 「ぼく」は、再《ふた》びどこに入《はい》ってゆきましたか。

（　　　　）

(2) ㋐不思議《ふしぎ》な光景《こうけい》とは、どんな様子《ようす》のことですか。（習《なら》っていない漢字《かんじ》は、ひらがなで書《か》きましょう。）

（　　　　）いる様子《ようす》。

2

1の文章《ぶんしょう》に㋑こんな物語《ものがたり》とありますが、どんな物語《ものがたり》なのかが2の文章《ぶんしょう》に書《か》かれています。次《つぎ》の①〜④は、「物語《ものがたり》」を順《じゅん》にまとめたものです。（　）にあてはまる言葉《ことば》を□から選《えら》んで書《か》きましょう。

① 年老《としお》いたトウヒの（　　）がたおれて死《し》ぬ。

② たおれたトウヒの幹《みき》の上《うえ》に、トウヒの（　　）たちが落《お》ちる。

③ トウヒの種子《しゅし》が、たおれたトウヒの木《き》の幹《みき》の上《うえ》に（　　）を下《お》ろす。

④ トウヒの種子《しゅし》は、倒木《とうぼく》の（　　）をもらいながら、大木《たいぼく》に成長《せいちょう》する。

木《き》・根《ね》・種子《しゅし》・栄養《えいよう》

森《もり》へ ⑹

名前

● 次《つぎ》の文章《ぶんしょう》を二回《にかい》読《よ》んで、答《こた》えましょう。

1

［年老《としお》いて死《し》んでしまった倒木《とうぼく》は、まだたくさんの栄養《えいよう》をもっていて、新《あたら》しい木々《きぎ》を育《そだ》てたのです。］

㋐それでやっと分《わ》かりました。森《もり》の中《なか》でときどき見《み》かけた、根《ね》が足《あし》のように生《は》えた不思議《ふしぎ》な姿《すがた》の木《き》のことです。その根《ね》の間《あいだ》に空《あ》いていた穴《あな》、それは、栄養《えいよう》をあたえつくして消《き》えた倒木《とうぼく》のあとだったのです。

2

㋑目《め》の前《まえ》の倒木《とうぼく》は、たくさんの大木《たいぼく》の根《ね》にからまれ、今《いま》なお栄養《えいよう》をあたえ続《つづ》けているようです。が、いつかはすっかり消《き》えてゆくのです。ぼくはこけむした倒木《とうぼく》にすわり、そっと幹《みき》をなでてみました。

森《もり》のこわさは、㋒すっかり消《き》えていました。じっと見《み》つめ、耳《みみ》をすませば、森《もり》はさまざまな物語《ものがたり》を聞《き》かせてくれるようでした。ぼくの目《め》には見《み》えないけれど、森《もり》はゆっくりと動《うご》いているのでした。

※こけむした…こけが生《は》えた。

（令和二年度版　光村図書　国語六　創造　星野《ほしの》　道夫《みちお》）

1 ㋐それでやっと分《わ》かりました。について答《こた》えましょう。

① 分《わ》かったのは、何《なん》の木《き》のことでしたか。

森《もり》の中《なか》でときどき見《み》かけた、

［　　　　　］

不思議《ふしぎ》な姿《すがた》の木《き》。

② どんなことが分《わ》かったのですか。
（習《なら》っていない漢字《かんじ》は、ひらがなで書《か》きましょう。）

木《き》の根《ね》の間《あいだ》の穴《あな》は、

［　　　　　］

だったということ。

2

(1) ㋑目《め》の前《まえ》の倒木《とうぼく》は、大木《たいぼく》に今《いま》なお何《なに》をあたえ続《つづ》けているようですか。

［　　　　　］

(2) ㋒すっかり消《き》えていたのは、何《なん》ですか。

［　　　　　］

(3) 目《め》には見《み》えなくても、「ぼく」に分《わ》かったのは、どんなことでしたか。

森《もり》は

［　　　　　］

ということ。

せんねん　まんねん

名前

● 次《つぎ》の詩《し》を二回音読《にかいおんどく》して、答《こた》えましょう。

[1]

せんねん　まんねん　まど・みちお

いつかのっぽのヤシの木《き》になるために
㋐そのヤシのみが地《じ》べたに落《お》ちる
その地《じ》ひびきでミミズがとびだす
そのミミズをヘビがのむ
そのヘビをワニがのむ
そのワニを川《かわ》がのむ
その川《かわ》の岸《きし》ののっぽのヤシの木《き》の中《なか》を
昇《のぼ》っていくのは
今《いま》まで土《つち》の中《なか》でうたっていた清水《しみず》
その清水《しみず》は昇《のぼ》って昇《のぼ》って昇《のぼ》りつめて
ヤシのみの中《なか》で眠《ねむ》る

[2]

その眠《ねむ》りが夢《ゆめ》でいっぱいになると
いつかのっぽのヤシの木《き》になるために
そのヤシのみが地《じ》べたに落《お》ちる
その地《じ》ひびきでミミズがとびだす
そのミミズをヘビがのむ
そのヘビをワニがのむ
そのワニを川《かわ》がのむ
その川《かわ》の岸《きし》に
まだ人《ひと》がやって来《こ》なかったころの
㋑はるなつあきふゆ　はるなつあきふゆの
ながいみじかい　せんねんまんねん

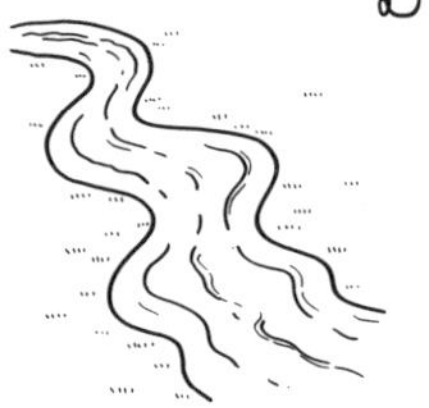

（令和二年度版　光村図書　国語六　創造　まど・みちお）

(1) ㋐ヤシのみが地《じ》べたに落《お》ちるのは、いつか何《なに》になるためですか。

[　　　　]

(2) ヤシのみが地《じ》べたに落《お》ちた地《じ》ひびきで、何《なに》がとびだしますか。

[　　　　]

(3) 何《なに》が、何《なに》をのむのですか。次《つぎ》の（　）にあてはまる言葉《ことば》を書《か》きましょう。

① ヘビが（　　　　）をのむ。
② ワニが（　　　　）をのむ。
③ 川が（　　　　）をのむ。

(4) [1]（第一連《だいいちれん》）と[2]（第二連《だいにれん》）の両方《りょうほう》で、くり返《かえ》されている六行《ろくぎょう》があります。そのはじめと終《お》わりの四文字《よんもじ》を書《か》きましょう。

□□□□ ～ □□□□

(5) ㋑はるなつあきふゆ　はるなつあきふゆという表現《ひょうげん》でどんなことを表《あらわ》していますか。○をつけましょう。

（　）二年間《にねんかん》の出来事《できごと》だということ。
（　）同《おな》じことが何年《なんねん》もくり返《かえ》されているということ。

いちばん大事《だいじ》なものは

名前

教科書《きょうかしょ》の「いちばん大事《だいじ》なものは」を読《よ》んで、答《こた》えましょう。

(1) 自分《じぶん》の考《かんが》えを友達《ともだち》と伝《つた》え合《あ》い、広《ひろ》げていく学習《がくしゅう》の流《なが》れをまとめました。
次《つぎ》の（　）にあてはまる言葉《ことば》を□から選《えら》んで書《か》きましょう。

① 自分《じぶん》の考《かんが》えを、ノートに書《か》く。

② 友達《ともだち》と考《かんが》えを（　　　）する。たがいの考《かんが》えがよく分《わ》かるように、（　　　）や、これまでの経験《けいけん》などをたずね合《あ》う。

③ 他《ほか》の人《ひと》と交流《こうりゅう》して、変《か》わったり（　　　）りした自分《じぶん》の考《かんが》えを、ノートにまとめる。

・理由《りゆう》　・交流《こうりゅう》　・深《ふか》まった

(2) いろいろな考《かんが》え方《かた》を聞《き》いて、自分《じぶん》の考《かんが》えにいかすにはどうすればよいでしょうか。
次《つぎ》の（　）にあてはまる言葉《ことば》を□から選《えら》んで書《か》きましょう。

・人《ひと》によって考《かんが》え方《かた》は（　　　）。その人《ひと》がなぜそのように考《かんが》えるのか、（　　　）や背景《はいけい》を理解《りかい》する。

・他《ほか》の人《ひと》と思《おも》いや考《かんが》えを交流《こうりゅう》することで、自分《じぶん》の考《かんが》えを（　　　）り、深《ふか》めたり、（　　　）視点《してん》を見《み》つけたりする。

・新《あたら》しい　・ちがう　・理由《りゆう》　・広《ひろ》げた

利用案内《りようあんない》を読《よ》もう

名前

教科書《きょうかしょ》の「利用案内《りようあんない》を読《よ》もう」を読《よ》んで、答《こた》えましょう。

● 次《つぎ》の「わかば市立図書館《しりつとしょかん》　利用案内《りようあんない》」の一部《いちぶ》を読《よ》んで、答《こた》えましょう。

■利用《りよう》カードを作《つく》る

・資料《しりょう》の貸出《かしだし》や予約《よやく》には，利用《りよう》カードが必要《ひつよう》です。利用申込書《りようもうしこみしょ》に記入《きにゅう》し，住所《じゅうしょ》と氏名《しめい》が確認《かくにん》できる証明書《しょうめいしょ》（健康保険証《けんこうほけんしょう》，学生証《がくせいしょう》など）といっしょに，カウンターにお持《も》ちください。わかば市内《しない》の全《すべ》ての図書館《としょかん》で作《つく》ることができます。

・利用《りよう》カードを作《つく》れるのは，わかば市在住《しざいじゅう》・在勤《ざいきん》・在学《ざいがく》の方《かた》のみです。

①

■本《ほん》を借《か》りる

・本《ほん》や雑誌《ざっし》は，全《すべ》ての図書館《としょかん》で合計《ごうけい》20冊《さつ》まで借《か》りられます。

・CDやDVDは，図書館《としょかん》によって借《か》りられる数《かず》が異《こと》なります。
  ・中央図書館《ちゅうおうとしょかん》，東図書館《ひがしとしょかん》…４点《てん》まで
  ・西図書館《にしとしょかん》…２点《てん》まで

・利用《りよう》カードは，わかば市《し》の全《すべ》ての図書館《としょかん》で使《つか》えます。

・貸出期間《かしだしきかん》は，２週間《しゅうかん》です。（１冊《さつ》あたり１回《かい》に限《かぎ》り，１週間《しゅうかん》の期間延長《きかんえんちょう》ができます。）

・利用《りよう》したい資料《しりょう》があるかどうかは，ウェブサイトで確認《かくにん》できます。

②

（令和二年度版　光村図書　国語六　創造　「利用案内を読もう」による）

(1) 利用《りよう》カードを作《つく》るためには、右《みぎ》の利用案内《りようあんない》の①、②の部分《ぶぶん》のうち、どちらを読《よ》めばいいですか。記号《きごう》で答《こた》えましょう。

□

(2) 利用《りよう》カードを作《つく》るのに必要《ひつよう》なものは、何《なん》ですか。二《ふた》つに○をつけましょう。

（　）予約《よやく》カード。
（　）記入《きにゅう》した利用申込書《りようもうしこみしょ》。
（　）住所《じゅうしょ》と氏名《しめい》が確認《かくにん》できる証明書《しょうめいしょ》。

(3) 本《ほん》を借《か》りるためには、右《みぎ》の①、②の部分《ぶぶん》のうち、どちらを読《よ》めばいいですか。記号《きごう》で答《こた》えましょう。

□

(4) 借《か》りられる本《ほん》や雑誌《ざっし》は、何冊《なんさつ》までですか。

(5) 貸出期間《かしだしきかん》は、どのくらいですか。

熟語《じゅくご》の成《な》り立《た》ち (1)

(漢字《かんじ》二字《にじ》の熟語《じゅくご》)

名前

● 熟語《じゅくご》の成《な》り立《た》ちには、次《つぎ》の四《よっ》つのものがあります。同《おな》じ成《な》り立《た》ちの熟語《じゅくご》を□から選《えら》んで書《か》きましょう。

① 似《に》た意味《いみ》の漢字《かんじ》の組《く》み合《あ》わせ。

〈例《れい》〉収納《しゅうのう》(収《おさ》める と 納《おさ》める)

② 意味《いみ》が対《つい》になる漢字《かんじ》の組《く》み合《あ》わせ。

〈例《れい》〉縦横《じゅうおう》(縦《たて》 と 横《よこ》)

③ 上《うえ》の漢字《かんじ》が下《した》の漢字《かんじ》を修飾《しゅうしょく》する関係《かんけい》にある組《く》み合《あ》わせ。

〈例《れい》〉深海《しんかい》(深《ふか》い 海《うみ》)

④ 「——を」「——に」に当《あ》たる意味《いみ》の漢字《かんじ》が下《した》に来《く》る組《く》み合《あ》わせ。

〈例《れい》〉洗顔《せんがん》(顔《かお》 を 洗《あら》う)

登山《とざん》(山《やま》 に 登《のぼ》る)

勝敗《しょうはい》・読書《どくしょ》

少数《しょうすう》・表現《ひょうげん》

「勝敗《しょうはい》」は「勝《か》つ・負《ま》ける」

「読書《どくしょ》」は「書《しょ》を読《よ》む」

「少数《しょうすう》」は「少《すく》ない数《かず》」

「表現《ひょうげん》」は「表《あらわ》す・現《あらわ》す」

と言《い》いかえられるね。

熟語《じゅくご》の成《な》り立《た》ち (2)
(漢字《かんじ》二字《にじ》の熟語《じゅくご》)

名前

● 次《つぎ》の成《な》り立《た》ちの漢字《かんじ》二字《にじ》の熟語《じゅくご》を【　】から二《ふた》つずつ選《えら》んで書《か》きましょう。

① 似《に》た意味《いみ》の漢字《かんじ》の組《く》み合《あ》わせ。
〈例《れい》〉豊富《ほうふ》（豊《ゆた》か と 富《と》む）

② 意味《いみ》が対《つい》になる漢字《かんじ》の組《く》み合《あ》わせ。
〈例《れい》〉明暗《めいあん》（明《あか》るい と 暗《くら》い）

③ 上《うえ》の漢字《かんじ》が下《した》の漢字《かんじ》を修飾《しゅうしょく》する関係《かんけい》にある組《く》み合《あ》わせ。
〈例《れい》〉流星《りゅうせい》（流《なが》れる 星《ほし》）

④ 「──を」「──に」に当《あ》たる意味《いみ》の漢字《かんじ》が下《した》に来《く》る組《く》み合《あ》わせ。
〈例《れい》〉消火《しょうか》（火《ひ》を 消《け》す）

・国宝《こくほう》　・帰国《きこく》
・着席《ちゃくせき》　・玉石《ぎょくせき》
・長短《ちょうたん》　・強敵《きょうてき》
・加入《かにゅう》　・苦楽《くらく》

漢字《かんじ》の意味《いみ》から考《かんが》えてみればいいね。まず、訓読《くんよ》みしてみよう。
・意味《いみ》が似《に》ていれば、①。
・意味《いみ》が対《つい》になっていれば、②。
・上《うえ》から下《した》に読《よ》めるときは、③。
・下《した》から上《うえ》に読《よ》むと分《わ》かりやすいときは④。

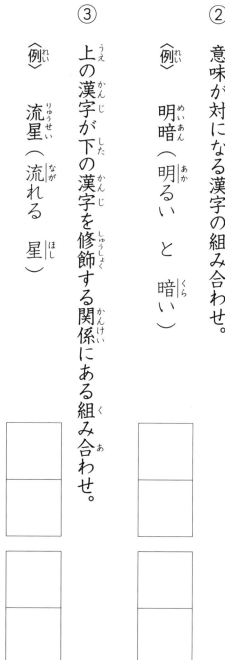

熟語《じゅくご》の成《な》り立《た》ち (3)

(漢字三字《かんじさんじ》の熟語《じゅくご》)

名前

(1) 次《つぎ》の熟語《じゅくご》の成《な》り立《た》ちを[ ]から選《えら》んで記号《きごう》で答《こた》えましょう。

① 衣食住《いしょくじゅう》 [ ]

② 低学年《ていがくねん》 [ ]

③ 近代化《きんだいか》 [ ]

④ 松竹梅《しょうちくばい》 [ ]

⑤ 未解決《みかいけつ》 [ ]

⑥ 新聞社《しんぶんしゃ》 [ ]

ア 二字《にじ》の語《ご》の頭《あたま》に一字《いちじ》を加《くわ》えた熟語《じゅくご》 (○+○○) 〈例《れい》〉新|記録《しんきろく》 不|安定《ふあんてい》

イ 二字《にじ》の語《ご》の後《うし》ろに一字《いちじ》を加《くわ》えた熟語《じゅくご》 (○○+○) 〈例《れい》〉銀河|系《ぎんがけい》 積極|的《せっきょくてき》

ウ 一字《いちじ》の語《ご》の集《あつ》まりから成《な》る熟語《じゅくご》 (○+○+○) 〈例《れい》〉市町村《しちょうそん》

(2) 上《うえ》と下《した》を——線《せん》で結《むす》んで、漢字三字《かんじさんじ》の熟語《じゅくご》を作《つく》りましょう。

①

高《こう》・ 最《さい》・ 大《だい》・

・高級《こうきゅう》 ・成功《せいこう》 ・性能《せいのう》

②

保健《ほけん》・ 体育《たいいく》・ 運動《うんどう》・

・場《じょう》 ・館《かん》 ・室《しつ》

熟語《じゅくご》の成《な》り立《た》ち (4)

（漢字《かんじ》三字《さんじ》の熟語《じゅくご》）

名前

(1) 次《つぎ》の熟語《じゅくご》の頭《あたま》に一字《いちじ》を加《くわ》えて、三字《さんじ》の熟語《じゅくご》を作《つく》ります。〈例《れい》〉にならって、□のどれかを選《えら》んで、漢字《かんじ》三字《さんじ》の熟語《じゅくご》を書《か》きましょう。

〈例《れい》〉 安定《あんてい》　不安定

① 責任《せきにん》

② 公平《こうへい》

③ 常識《じょうしき》

④ 完成《かんせい》

不《ふ》・未《み》・無《む》・非《ひ》

(2) 次《つぎ》の熟語《じゅくご》の後《うし》ろに一字《いちじ》を加《くわ》えて、三字《さんじ》の熟語《じゅくご》を作《つく》ります。〈例《れい》〉にならって、□のどちらかを選《えら》んで、漢字《かんじ》三字《さんじ》の熟語《じゅくご》を書《か》きましょう。

〈例《れい》〉 積極《せっきょく》　積極的

① 小型《こがた》

② 典型《てんけい》

③ 効果《こうか》

④ 温暖《おんだん》　温暖

的《てき》・化《か》

（同《おな》じ漢字《かんじ》を何度《なんど》使《つか》ってもよいです。）

熟語《じゅくご》の成《な》り立《た》ち (5)

（漢字《かんじ》三字《さんじ》の熟語《じゅくご》）

名前

(1) 次《つぎ》の成《な》り立《た》ちに合《あ》う、漢字《かんじ》三字《さんじ》の熟語《じゅくご》を［　］から選《えら》んで書《か》きましょう。

① 一字《いちじ》＋二字《にじ》

〈例《れい》〉再利用《さいりよう》（再《さい》＋利用《りよう》）

② 二字《にじ》＋一字《いちじ》

〈例《れい》〉救急車《きゅうきゅうしゃ》（救急《きゅうきゅう》＋車《しゃ》）

③ 一字《いちじ》＋一字《いちじ》＋一字《いちじ》

〈例《れい》〉衣食住《いしょくじゅう》（衣《い》＋食《しょく》＋住《じゅう》）

無意識《むいしき》・市町村《しちょうそん》・発表会《はっぴょうかい》・高学年《こうがくねん》・自動化《じどうか》

(2) 次《つぎ》の漢字《かんじ》三字《さんじ》の熟語《じゅくご》を、〈例《れい》〉にならって、組《く》み立《た》てているもとの漢字《かんじ》や熟語《じゅくご》に分《わ》けて書《か》きましょう。

〈例《れい》〉新記録《しんきろく》 → 新 ＋ 記録

① 落語家《らくごか》 → ＋

② 少人数《しょうにんずう》 → ＋

③ 想像力《そうぞうりょく》 → ＋

熟語《じゅくご》の成《な》り立《た》ち　(6)

（漢字《かんじ》四字《よじ》以上《いじょう》の熟語《じゅくご》）

名前

(1) 次《つぎ》の熟語《じゅくご》の成《な》り立《た》ちを［　］から選《えら》んで記号《きごう》で答《こた》えましょう。

① 国語辞典《こくごじてん》　［　］

② 新聞記者《しんぶんきしゃ》　［　］

③ 東西南北《とうざいなんぼく》　［　］

④ 紙飛行機《かみひこうき》　［　］

㋐ 一字《いちじ》の語《ご》の集《あつ》まりから成《な》る熟語《じゅくご》
〈例《れい》〉都道府県《とどうふけん》（都《と》－道《どう》－府《ふ》－県《けん》）

㋑ いくつかの語《ご》の集《あつ》まりから成《な》る熟語《じゅくご》
〈例《れい》〉臨時列車《りんじれっしゃ》（臨時《りんじ》－列車《れっしゃ》）

(2) 次《つぎ》の熟語《じゅくご》を、〈例《れい》〉にならって、組《く》み立《た》てているもとの漢字《かんじ》や熟語《じゅくご》に分《わ》けて書《か》きましょう。

〈例《れい》〉身体測定《しんたいそくてい》 → ［身体］＋［測定］

① 海外旅行《かいがいりょこう》 → ［　］＋［　］

② 海水浴客《かいすいよくきゃく》 → ［　］＋［　］

③ 春夏秋冬《しゅんかしゅうとう》 → ［　］＋［　］＋［　］＋［　］

④ 宇宙飛行士《うちゅうひこうし》 → ［　］＋［　］＋［　］

やまなし　(1)

名前

● 教科書《きょうかしょ》の「やまなし」の全文《ぜんぶん》を読《よ》んだ後《あと》、次《つぎ》の文章《ぶんしょう》を二回《にかい》読《よ》んで、答《こた》えましょう。

1

［五月《ごがつ》、二《に》ひきのかにの子《こ》どもの兄弟《きょうだい》が、小《ちい》さな谷川《たにがわ》の水《みず》の底《そこ》にいます。］

魚《さかな》が、今度《こんど》はそこら中《じゅう》の黄金《きん》の光《ひかり》をまるっきりくちゃくちゃにして、おまけに㋐自分《じぶん》は鉄色《てついろ》に変《へん》に底光《そこびか》りして、また上《かみ》の方《ほう》へ上《のぼ》りました。

「㋑お魚《さかな》は、なぜああ行《い》ったり来《き》たりするの。」

弟《おとうと》のかにが、まぶしそうに目《め》を動《うご》かしながらたずねました。

「何《なに》か悪《わる》いことをしてるんだよ。取《と》ってるんだよ。」

「取《と》ってるの。」

「うん。」

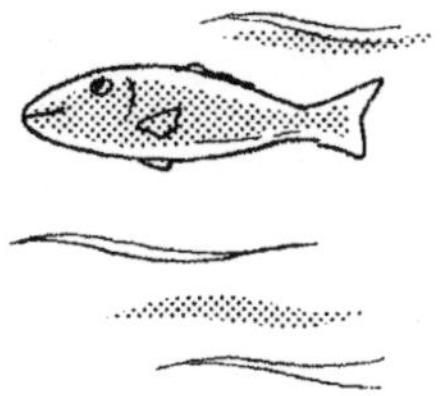

2

そのお魚《さかな》が、また上《かみ》からもどってきました。今度《こんど》はゆっくり落《お》ち着《つ》いて、ひれも尾《お》も動《うご》かさず、ただ水《みず》にだけ流《なが》されながら、お口《くち》を輪《わ》のように円《まる》くしてやって来《き》ました。㋒そのかげは、黒《くろ》く静《しず》かに底《そこ》の光《ひかり》のあみの上《うえ》をすべりました。

（令和二年度版　光村図書　国語六　創造　宮沢《みやざわ》　賢治《けんじ》）

1

(1) ㋐自分《じぶん》とは、だれのことですか。○をつけましょう。

（　）魚《さかな》　（　）かに

(2) 「㋑お魚《さかな》は、なぜ…するの。」について答《こた》えましょう。

① この言葉《ことば》を言《い》ったのは、だれですか。

［　　　　］

② この言葉《ことば》の中《なか》の「ああ」とは、どんな意味《いみ》ですか。○をつけましょう。

（　）「ああ、楽《たの》しかった。」の「ああ」のように、感動《かんどう》を表《あらわ》している。

（　）「あのように」という意味《いみ》を表《あらわ》している。

2

(1) 上《かみ》からもどってきたときの魚《さかな》の様子《ようす》にあうものに、○をつけましょう。

（　）そこら中《じゅう》をくちゃくちゃに泳《およ》ぎまわりながら来《き》た。

（　）ひれも尾《お》も動《うご》かさず、ただ水《みず》に流《なが》されながら来《き》た。

(2) ㋒そのかげとは、何《なん》のかげですか。

［　　　　］

やまなし　(2)

名前

● 次《つぎ》の文章《ぶんしょう》を二回《にかい》読《よ》んで、答《こた》えましょう。

1

［二《に》ひきのかにの子《こ》どもの兄弟《きょうだい》の方《ほう》に、魚《さかな》が上《かみ》からもどってきました。］

「お魚《さかな》は……。」

そのときです。にわかに㋐天井《てんじょう》に白《しろ》いあわが立《た》って、青光《あおびか》りのまるでぎらぎらする鉄砲《てっぽう》だまのようなものが、いきなり飛《と》びこんできました。

※にわかに…とつぜん。急《きゅう》に。

2

兄《にい》さんのかには、はっきりとその青《あお》いものの先《さき》が、コンパスのように黒《くろ》くとがっているのも見《み》ました。と思《おも》ううちに、㋑魚《さかな》の白《しろ》い腹《はら》がぎらっと光《ひか》って一《いっ》ぺんひるがえり、上《うえ》の方《ほう》へ上《のぼ》ったようでしたが、それっきりもう青《あお》いものも魚《さかな》の形《かたち》も見《み》えず、光《ひかり》の黄金《きん》のあみはゆらゆらゆれ、あわはつぶつぶ流《なが》れました。

二《に》ひきはまるで声《こえ》も出《で》ず、㋒居《い》すくまってしまいました。

（令和二年度版　光村図書　国語六　創造　宮沢《みやざわ》　賢治《けんじ》）

1

(1) ㋐天井《てんじょう》とは、何《なん》のことですか。○をつけましょう。

（　）家《いえ》の天井《てんじょう》。　（　）川《かわ》の水面《すいめん》。

(2) いきなり飛《と》びこんできたのは、どのようなものでしたか。文中《ぶんちゅう》から言葉《ことば》を書《か》き出《だ》しましょう。（習《なら》っていない漢字《かんじ》は、ひらがなで書《か》きましょう。）

［　　　　］のようなもの。

2

(1) 兄《にい》さんのかには、青《あお》いものの先《さき》が、何《なん》のように黒《くろ》くとがっているのを見《み》ましたか。

［　　　　］

(2) 「㋑魚《さかな》の白《しろ》い腹《はら》が…魚《さかな》の形《かたち》も見《み》えず」の文《ぶん》は、どのようなことを表《あらわ》していると考《かんが》えられますか。○をつけましょう。

（　）魚《さかな》が、川《かわ》の上《うえ》と底《そこ》を行《い》ったり来《き》たりしていること。

（　）水《みず》の中《なか》に入《はい》ってきた青《あお》いものも、魚《さかな》も、川《かわ》からいなくなってしまったこと。

(3) 「㋒居《い》すくまる」とは、どんな意味《いみ》ですか。○をつけましょう。

（　）こわくて動《うご》けなくなる。

（　）落《お》ち着《つ》いてじっとしている。

やまなし ⑶

名前

● 次《つぎ》の文章《ぶんしょう》を二回《にかい》読《よ》んで、答《こた》えましょう。

1

お父《とう》さんのかにが出《で》てきました。二《に》ひきの子《こ》どものかには、ぶるぶるふるえて、お父《とう》さんに「青《あお》く光《ひか》る、とがったものが来《き》たら、お魚《さかな》が上《うえ》へ上《のぼ》っていった。」と伝《つた》えました。


「ふうん。しかし、そいつは鳥《とり》だよ。かわせみというんだ。㋐だいじょうぶだ、安心《あんしん》しろ。おれたちは構《かま》わないんだから。」

「お父《とう》さん、お魚《さかな》はどこへ行《い》ったの。」

「魚《さかな》かい。魚《さかな》はこわい所《ところ》へ行《い》った。」

「こわいよ、お父《とう》さん。」

「いい、いい、だいじょうぶだ。心配《しんぱい》するな。そら、かばの花《はな》が流《なが》れてきた。ごらん、きれいだろう。」

※構《かま》わない…相手《あいて》にしない。
※かば…ここでは、山桜《やまざくら》の一種《いっしゅ》。

2

あわといっしょに、白《しろ》いかばの花《はな》びらが、天井《てんじょう》をたくさんすべってきました。

「こわいよ、お父《とう》さん。」

弟《おとうと》のかにも言《い》いました。

光《ひかり》のあみはゆらゆら、のびたり縮《ちぢ》んだり、花《はな》びらのかげは静《しず》かに砂《すな》をすべりました。

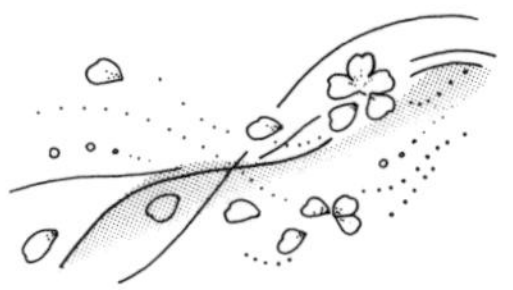

（令和二年度版　光村図書　国語六　創造　宮沢《みやざわ》　賢治《けんじ》）

1

⑴ 子《こ》どもの話《はなし》を聞《き》いたお父《とう》さんのかには、何《なん》という鳥《とり》が来《き》たのだと言《い》いましたか。

⑵ お父《とう》さんのかにが、「㋐だいじょうぶだ、安心《あんしん》しろ。」という理由《りゆう》を、文中《ぶんちゅう》より一文《いちぶん》で書《か》き出《だ》しましょう。

⑶ お父《とう》さんのかには、魚《さかな》がどこへ行《い》ったと、言《い》いましたか。

2

⑴ あわといっしょに、天井《てんじょう》をたくさんすべってきたのは、何《なん》でしたか。

⑵ ゆらゆら、のびたり縮《ちぢ》んだりしているのは、何《なん》ですか。

やまなし ⑷

名前

● 次《つぎ》の文章《ぶんしょう》を二回《にかい》読《よ》んで、答《こた》えましょう。

1

〔十二月《じゅうにがつ》、かにの子《こ》どもらは、あんまり月《つき》が明《あか》るく水《みず》がきれいなので、外《そと》に出《で》て、川底《かわぞこ》であわをはいて天井《てんじょう》の方《ほう》を見《み》ていました。〕

そのとき、トブン。

㋐黒《くろ》い丸《まる》い大《おお》きなものが、天井《てんじょう》から落《お》ちてずうっとしずんで、また上《うえ》へ上《のぼ》っていきました。きらきらっと黄金《きん》のぶちが光《ひか》りました。

「かわせみだ。」

子《こ》どもらのかには、㋑首《くび》をすくめて言《い》いました。

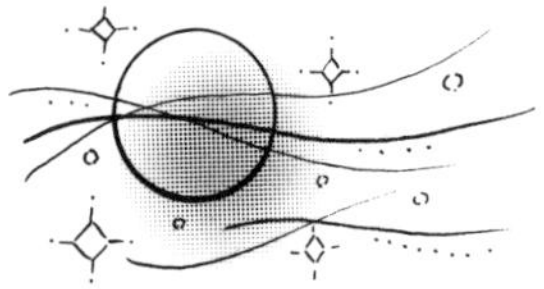

※黄金《きん》のぶち…金色《きんいろ》のまだらもよう。

2

お父《とう》さんのかには、遠眼鏡《とおめがね》のような両方《りょうほう》の目《め》をあらんかぎりのばして、よくよく見《み》てから言《い》いました。

「そうじゃない。あれはやまなしだ。流《なが》れていくぞ。ついていってみよう。ああ、いいにおいだな。」

なるほど、そこらの月明《つきあ》かりの水《みず》の中《なか》は、やまなしのいいにおいでいっぱいでした。

※遠眼鏡《とおめがね》…望遠鏡《ぼうえんきょう》の古《ふる》いよび方《かた》。

※あらんかぎり…ありったけ。できるだけ。

（令和二年度版　光村図書　国語六　創造　宮沢《みやざわ》　賢治《けんじ》）

1

(1) ㋐黒《くろ》い丸《まる》い大《おお》きなものが川《かわ》に落《お》ちたとき、どんな音《おと》がしましたか。文中《ぶんちゅう》の三文字《さんもじ》の言葉《ことば》で答《こた》えましょう。

(2) ㋐黒《くろ》い丸《まる》い大《おお》きなものを、子《こ》どもらのかには何《なん》だと思《おも》いましたか。

(3) ㋑首《くび》をすくめてとはどんな意味《いみ》ですか。○をつけましょう。

（　）不思議《ふしぎ》に思《おも》って首《くび》を曲《ま》げて。

（　）おそろしくて首《くび》をちぢめて。

2

(1) お父《とう》さんのかには、㋐黒《くろ》い丸《まる》い大《おお》きなものを何《なん》だと言《い》いましたか。

(2) 月明《つきあ》かりの水《みず》の中《なか》は、何《なん》でいっぱいでしたか。

やまなし (5)

● 次《つぎ》の文章《ぶんしょう》を二回読《にかいよ》んで、答《こた》えましょう。

名前

1

〔お父《とう》さんのかにには、子《こ》どもらのかにに「あれはやまなしだ。ついていってみよう。」と言《い》いました。〕

三《さん》びきは、ぼかぼか流《なが》れていくやまなしの後《あと》を追《お》いました。

その横歩《よこある》きと、底《そこ》の黒《くろ》い三《みっ》つのかげ法師《ぼうし》が、㋐合《あ》わせて六《むっ》つ、おどるようにして、やまなしの円《まる》いかげを追《お》いました。

まもなく、水《みず》はサラサラ鳴《な》り、天井《てんじょう》の波《なみ》はいよいよ青《あお》いほのおを上《あ》げ、やまなしは横《よこ》になって木《き》の枝《えだ》に引《ひ》っかかって止《と》まり、その上《うえ》には、月光《げっこう》のにじがもかもか集《あつ》まりました。

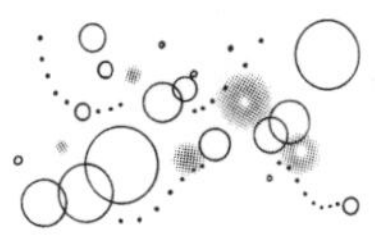

※かげ法師《ぼうし》…地面《じめん》にうつった、(何《なに》かの)かげ。

2

㋑「どうだ、やっぱりやまなしだよ。よく熟《じゅく》している。いいにおいだろう。」

「おいしそうだね、お父《とう》さん。」

「待《ま》て待《ま》て。もう二日《ふつか》ばかり待《ま》つとね、こいつは下《した》へしずんでくる。それから、ひとりでにおいしいお酒《さけ》ができるから。さあ、もう帰《かえ》ってねよう。おいで。」

(令和二年度版　光村図書　国語六　創造　宮沢《みやざわ》　賢治《けんじ》)

1

(1) ㋐合《あ》わせて六《むっ》つについて答《こた》えましょう。

① 何《なに》と何《なに》を合《あ》わせて「六《むっ》つ」になるのですか。○をつけましょう。

(　) 三《さん》びきのかにと三個《さんこ》のやまなし。

(　) 三《さん》びきのかにと、三《みっ》つのかにのかげ。

② その「六《むっ》つ」は、どのようにして、やまなしのかげを追《お》いましたか。

[　　　] ようにして追《お》いかけた。

(2) 川《かわ》の水面《すいめん》で、木《き》の枝《えだ》に引《ひ》っかかって止《と》まったやまなしの上《うえ》に、何《なに》が集《あつ》まりましたか。

2

(1) ㋑「どうだ、…いいにおいだろう。」と言《い》ったのは、だれですか。

(2) もう二日《ふつか》ばかり待《ま》つと、やまなしは下《した》へしずんで、ひとりでに何《なに》になりますか。

イーハトーヴの夢《ゆめ》 (1)

名前

● 教科書《きょうかしょ》の「イーハトーヴの夢《ゆめ》」の全文《ぜんぶん》を読《よ》んだ後《あと》、次《つぎ》の文章《ぶんしょう》を二回《にかい》読《よ》んで、答《こた》えましょう。

1

宮沢賢治《みやざわけんじ》は、一八九六年《せんはっぴゃくきゅうじゅうろくねん》（明治二十九年《めいじにじゅうきゅうねん》）八月二十七日《はちがつにじゅうしちにち》、岩手県《いわてけん》の花巻《はなまき》に生《う》まれた。津波《つなみ》や洪水《こうずい》、地震《じしん》と、次々《つぎつぎ》に災害《さいがい》にみまわれた年《とし》だった。六月《ろくがつ》、三陸大津波《さんりくおおつなみ》。七月《しちがつ》、大雨《おおあめ》による洪水《こうずい》。八月《はちがつ》、陸羽大地震《りくうおおじしん》。そして九月《くがつ》には、またまた大雨《おおあめ》、洪水《こうずい》。それによる伝染病《でんせんびょう》の流行《りゅうこう》。次々《つぎつぎ》におそった災害《さいがい》のために、岩手県内《いわてけんない》だけでも五万人以上《ごまんにんいじょう》がなくなるという大変《たいへん》な年《とし》だった。

※みまわれた…ひがいを受《う》けた。

2

家《いえ》の職業《しょくぎょう》は質店《しちてん》。裕福《ゆうふく》な暮《く》らしだった。賢治《けんじ》はそこの長男《ちょうなん》。後《のち》に四人《よにん》の兄弟《きょうだい》が生《う》まれる。

※質店《しちてん》…品物《しなもの》と引《ひ》きかえに、お金《かね》を貸《か》すお店《みせ》。

（令和二年度版　光村図書　国語六　創造　畑山《はたやま》　博《ひろし》）

1

(1) 宮沢賢治《みやざわけんじ》は、何年《なんねん》に生《う》まれましたか。

（　　　　　）

(2) 宮沢賢治《みやざわけんじ》は、どこで生《う》まれましたか。

（　　　　　）

(3) 賢治《けんじ》が生《う》まれた年《とし》には、どんな災害《さいがい》がありましたか。時期《じき》とあてはまるものを——線《せん》で結《むす》びましょう。（二回《にかい》選《えら》ぶものもあります。）

① 六月《ろくがつ》・　　・大地震《おおじしん》
② 七月《しちがつ》・　　・大津波《おおつなみ》
③ 八月《はちがつ》・　　・大雨《おおあめ》、洪水《こうずい》
④ 九月《くがつ》・

(4) この年《とし》の自然災害《しぜんさいがい》によって、何《なに》が流行《りゅうこう》しましたか。
（習《なら》っていない漢字《かんじ》は、ひらがなで書《か》きましょう。）

（　　　　　）

2

賢治《けんじ》が生《う》まれたころ、賢治《けんじ》の家《いえ》は、どのような暮《く》らしでしたか。○をつけましょう。

（　）お金《かね》がなく、貧《まず》しい暮《く》らし。
（　）お金《かね》があって、豊《ゆた》かな暮《く》らし。

イーハトーヴの夢《ゆめ》 (2)

名前

● 次《つぎ》の文章《ぶんしょう》を二回読《にかいよ》んで、答《こた》えましょう。

1

賢治《けんじ》が中学《ちゅうがく》に入学《にゅうがく》した年《とし》も、自然災害《しぜんさいがい》のために農作物《のうさくぶつ》がとれず、農民《のうみん》たちは大変《たいへん》な苦《くる》しみを味《あじ》わった。その次《つぎ》の年《とし》も、また洪水《こうずい》。

「なんとかして農作物《のうさくぶつ》の被害《ひがい》を少《すく》なくし、人々《ひとびと》が安心《あんしん》して田畑《たはた》を耕《たがや》せるようにできないものか。」

賢治《けんじ》は必死《ひっし》で考《かんが》えた。

2

「そのために㋐一生《いっしょう》をささげたい。それにはまず、最新《さいしん》の農業技術《のうぎょうぎじゅつ》を学《まな》ぶことだ。」

そう思《おも》った賢治《けんじ》は、盛岡高等《もりおかこうとう》農林学校《のうりんがっこう》に入学《にゅうがく》する。成績《せいせき》は優秀《ゆうしゅう》。卒業《そつぎょう》のときに、教授《きょうじゅ》から、研究室《けんきゅうしつ》に残《のこ》って学者《がくしゃ》の道《みち》に進《すす》まないかとさそわれる。でも賢治《けんじ》は、㋑それを断《ことわ》る。そして、ちょうど花巻《はなまき》にできたばかりの農学校《のうがっこう》の先生《せんせい》になる。二十五《にじゅうご》さいの冬《ふゆ》だった。

（令和二年度版　光村図書　国語六　創造　畑山《はたやま》　博《ひろし》）

1

(1) 賢治《けんじ》が中学《ちゅうがく》に入学《にゅうがく》した年《とし》、農作物《のうさくぶつ》がとれなかった理由《りゆう》は、何《なん》でしたか。

［　　　　　　］のため。

(2) 苦《くる》しむ農民《のうみん》たちを見《み》て、賢治《けんじ》はどんなことを考《かんが》えましたか。

なんとかして農作物《のうさくぶつ》の被害《ひがい》を少《すく》なくし、［　　　　　　］ようにできないものか、ということ。

2

(1) ㋐一生《いっしょう》をささげたい。とは、どんな意味《いみ》ですか。○をつけましょう。

（　）一生《いっしょう》けんめいがんばりたい。

（　）自分《じぶん》の一生《いっしょう》をかけてつくしたい。

(2) 賢治《けんじ》は、まず何《なに》を学《まな》ぶことにしましたか。

［　　　　　　］

(3) ㋑それとは、何《なに》を指《さ》しますか。○をつけましょう。

（　）学者《がくしゃ》の道《みち》に進《すす》むこと。

（　）農学校《のうがっこう》の先生《せんせい》になること。

イーハトーヴの夢《ゆめ》 (3)

名前

● 次《つぎ》の文章《ぶんしょう》を二回《にかい》読《よ》んで、答《こた》えましょう。

1

［賢治《けんじ》は、二十五《にじゅうご》さいのとき、農学校《のうがっこう》の先生《せんせい》になった。］

「いねの心《こころ》が分《わ》かる人間《にんげん》になれ。」
それが生徒《せいと》たちへの
口《くち》ぐせだった。

2

また、こんな言葉《ことば》を覚《おぼ》えている
㋐教《おし》え子《ご》もいる。
「農学校《のうがっこう》の『農《のう》』という字《じ》を、
じっと見《み》つめてみてください。
『農《のう》』の字《じ》の上半分《うえはんぶん》の『曲《きょく》』は、
大工《だいく》さんの使《つか》う曲尺《かねじゃく》のことです。
そして下《した》の『辰《しん》』は、時《とき》という
意味《いみ》です。年《とし》とか季節《きせつ》という
意味《いみ》もあります。」
曲尺《かねじゃく》というのは、
直角《ちょっかく》に曲《ま》がったものさしの
ことだ。それを使《つか》うと、一度《いちど》に
二《ふた》つの方向《ほうこう》の寸法《すんぽう》が測《はか》れる。だから
賢治《けんじ》の言葉《ことば》は、「その年《とし》の気候《きこう》の
特徴《とくちょう》を、いろんな角度《かくど》から見《み》て、
しっかりつかむことが大切《たいせつ》です。」
という意味《いみ》になる。

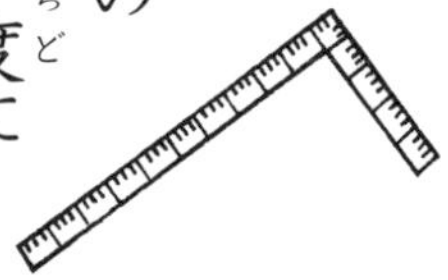

※寸法《すんぽう》…物《もの》の長《なが》さ。

（令和二年度版　光村図書　国語六　創造　畑山《はたやま》　博《ひろし》）

1 賢治《けんじ》の生徒《せいと》たちへの口《くち》ぐせとは、何《なん》でしたか。文中《ぶんちゅう》から書《か》き出《だ》しましょう。

2

(1) ㋐教《おし》え子《ご》とは、どんな意味《いみ》ですか。○をつけましょう。

（　）賢治《けんじ》が子《こ》どものころの学校《がっこう》の教師《きょうし》。

（　）賢治《けんじ》が学校《がっこう》で教《おし》えた生徒《せいと》。

(2) 賢治《けんじ》は、『農《のう》』の字《じ》の上半分《うえはんぶん》の『曲《きょく》』は、何《なん》のことだと言《い》いましたか。

(3) 賢治《けんじ》は、『農《のう》』の字《じ》の下半分《したはんぶん》の『辰《しん》』は、何《なん》という意味《いみ》だと言《い》いましたか。三《みっ》つ書《か》きましょう。

(4) 賢治《けんじ》は、『農《のう》』という字《じ》を通《とお》して、どういうことが大切《たいせつ》だと言《い》いたかったのですか。

その年《とし》の気候《きこう》の特徴《とくちょう》を、

イーハトーヴの夢《ゆめ》 (4)

名前

● 次《つぎ》の文章《ぶんしょう》を二回《にかい》読《よ》んで、答《こた》えましょう。

1

また賢治《けんじ》は、春《はる》、生徒《せいと》たちと田植《たう》えをしたとき、田《た》んぼの真《ま》ん中《なか》に、ひまわりの種《たね》を一《ひと》つぶ植《う》えたこともあった。すると、真夏《まなつ》、辺《あた》り一面《いちめん》ただ平凡《へいぼん》な緑《みどり》の中《なか》に、それが見事《みごと》に花《はな》を開《ひら》く。

「㋐田《た》んぼが、詩《し》に書《か》かれた田《た》んぼのように、かがやいて見《み》えましたよ。」

と、昔《むかし》の教《おし》え子《ご》たちが言《い》う。

※平凡《へいぼん》な緑《みどり》…ふつうの田《た》んぼ。

2

苦《くる》しい農作業《のうさぎょう》の中《なか》に、楽《たの》しさを見《み》つける。工夫《くふう》することに、喜《よろこ》びを見《み》つける。そうして、未来《みらい》に希望《きぼう》をもつ。それが、先生《せんせい》としての賢治《けんじ》の理想《りそう》だった。

※理想《りそう》…考《かんが》えられるかぎりに最高《さいこう》なこと。

（令和二年度版　光村図書　国語六　創造　畑山《はたやま》　博《ひろし》）

1

(1) 賢治《けんじ》は、春《はる》、生徒《せいと》たちと何《なに》をしましたか。

(2) 賢治《けんじ》は、春《はる》、田《た》んぼの真《ま》ん中《なか》に、何《なに》を一《ひと》つぶ植《う》えたことがありましたか。

(3) 「㋐田《た》んぼが、…見《み》えましたよ。」とありますが、昔《むかし》の教《おし》え子《ご》たちには、何《なん》のようすがそのように見《み》えたのですか。

辺《あた》り一面《いちめん》が［　　］色《いろ》の田《た》んぼの中《なか》に、［　　］の花《はな》が見事《みごと》にさいているようす。

2 先生《せんせい》としての賢治《けんじ》の理想《りそう》は何《なん》でしたか。三《みっ》つ書《か》きましょう。

苦《くる》しい農作業《のうさぎょう》の中《なか》に、［　　］を見《み》つける。

工夫《くふう》することに、［　　］を見《み》つける。

未来《みらい》に［　　］をもつ。

イーハトーヴの夢《ゆめ》 (5)

名前

● 次《つぎ》の文章《ぶんしょう》を二回《にかい》読《よ》んで、答《こた》えましょう。

1

暴《あば》れる自然《しぜん》に勝《か》つためには、みんなで力《ちから》を合《あ》わせなければならない。力《ちから》を合《あ》わせるには、たがいにやさしい心《こころ》が通《かよ》い合《あ》っていなければならない。そのやさしさを人々《ひとびと》に育《そだ》ててもらうために、賢治《けんじ》は、たくさんの詩《し》や童話《どうわ》を書《か》いた。

「風《かぜ》の又三郎《またさぶろう》」

「グスコーブドリの伝記《でんき》」

「セロ弾《ひ》きのゴーシュ」、

そして「やまなし」。

2

賢治《けんじ》の書《か》いた物語《ものがたり》の舞台《ぶたい》は、イーハトーヴという一《ひと》つの同《おな》じ場所《ばしょ》であることが多《おお》い。

イーハトーヴというのは想像《そうぞう》で作《つく》った地名《ちめい》だけれど、「イーワテ」というのとよく似《に》ている。

※物語《ものがたり》の舞台《ぶたい》…お話《はなし》の場所《ばしょ》。出来事《できごと》が起《お》こっている場所《ばしょ》。

（令和二年度版　光村図書　国語六　創造　畑山《はたやま》　博《ひろし》）

1

(1) 賢治《けんじ》は、暴《あば》れる自然《しぜん》に勝《か》つためには、何《なに》をしなければならないと考《かんが》えましたか。

(2) 賢治《けんじ》は、力《ちから》を合《あ》わせるには、何《なに》が通《かよ》い合《あ》っていなければならないと考《かんが》えましたか。

(3) 賢治《けんじ》は、やさしさを人々《ひとびと》に育《そだ》ててもらうために、何《なに》をしましたか。

2

(1) 賢治《けんじ》の書《か》いた物語《ものがたり》では、何《なん》というところを舞台《ぶたい》にしていることが多《おお》いですか。

(2) イーハトーヴとは、どのような地名《ちめい》だといえますか。○をつけましょう。

（　）実際《じっさい》に岩手県《いわてけん》にある地名《ちめい》。

（　）賢治《けんじ》が想像《そうぞう》で作《つく》った地名《ちめい》。

イーハトーヴの夢《ゆめ》 (6)

名前

● 次《つぎ》の文章《ぶんしょう》を二回《にかい》読《よ》んで、答《こた》えましょう。

1

㋐賢治《けんじ》がイーハトーヴの物語《ものがたり》を通《とお》して追《お》い求《もと》めた理想《りそう》。それは、人間《にんげん》がみんな人間《にんげん》らしい生《い》き方《かた》ができる社会《しゃかい》だ。それだけでなく、人間《にんげん》も動物《どうぶつ》も植物《しょくぶつ》も、たがいに心《こころ》が通《かよ》い合《あ》うような世界《せかい》が、賢治《けんじ》の夢《ゆめ》だった。一本《いっぽん》の木《き》にも、身《み》を切《き》られるときの痛《いた》みとか、日《ひ》なたぼっこのここちよさとか、いかりとか、思《おも》い出《で》とか、そういうものがきっとあるにちがいない。賢治《けんじ》は、その㋑木《き》の心《こころ》を自分《じぶん》のことのように思《おも》って、物語《ものがたり》を書《か》いた。

2

㋒、時代《じだい》は、賢治《けんじ》の理想《りそう》とはちがう方向《ほうこう》に進《すす》んでいた。さまざまな機械《きかい》の自動化《じどうか》が始《はじ》まり、鉄道《てつどう》や通信《つうしん》が発達《はったつ》した。なんでも、早《はや》く、合理的《ごうりてき》にできることがよいと思《おも》われるような世《よ》の中《なか》になった。㋓そんな世《よ》の中《なか》に、賢治《けんじ》の理想《りそう》は受《う》け入《い》れられなかった。

※合理的《ごうりてき》…物事《ものごと》のむだを省《はぶ》いて、行《おこな》うようす。

（令和二年度版　光村図書　国語六　創造　畑山《はたやま》　博《ひろし》）

1

(1) ㋐賢治《けんじ》がイーハトーヴの物語《ものがたり》を通《とお》して追《お》い求《もと》めた理想《りそう》とは、どんな社会《しゃかい》ですか。

人間《にんげん》がみんな［　　　　］社会《しゃかい》。

(2) どのような世界《せかい》が、賢治《けんじ》の夢《ゆめ》でしたか。

人間《にんげん》も動物《どうぶつ》も植物《しょくぶつ》も、たがいに［　　　　］ような世界《せかい》。

(3) 物語《ものがたり》を書《か》くとき、賢治《けんじ》は、㋑木《き》の心《こころ》を何《なん》のように思《おも》って書《か》きましたか。

2

(1) ㋒にあてはまる言葉《ことば》に○をつけましょう。

（　）だから

（　）けれども

(2) ㋓そんな世《よ》の中《なか》とは、どんな世《よ》の中《なか》ですか。文中《ぶんちゅう》から書《か》き出《だ》しましょう。

イーハトーヴの夢《ゆめ》 (7)

名前

● 次《つぎ》の文章《ぶんしょう》を二回《にかい》読《よ》んで、答《こた》えましょう。

1

初《はじ》めのころ、賢治《けんじ》は、自分《じぶん》が書《か》いた童話《どうわ》や詩《し》の原稿《げんこう》をいくつかの出版社《しゅっぱんしゃ》に持《も》ちこんだ。でも、どの出版社《しゅっぱんしゃ》でも断《ことわ》られた。

㋐しかたなく、賢治《けんじ》は、自分《じぶん》で二冊《にさつ》の本《ほん》を出《だ》す。童話集《どうわしゅう》「注文《ちゅうもん》の多《おお》い料理店《りょうりてん》」、詩集《ししゅう》「春《はる》と修羅《しゅら》」。でも、これもほとんど売《う》れなかった。それどころか、ひどい批評《ひひょう》の言葉《ことば》が返《かえ》ってくる。

※批評《ひひょう》…よいか悪《わる》いかについて意見《いけん》を言《い》うこと。

2

自分《じぶん》の作品《さくひん》が理解《りかい》されないことに、賢治《けんじ》は傷《きず》ついた。次《つぎ》に出《だ》すつもりで準備《じゅんび》を整《ととの》えていた詩集《ししゅう》も、出《だ》すのをやめた。

※傷《きず》つく…つらい思《おも》いをする。

（令和二年度版　光村図書　国語六　創造　畑山《はたやま》　博《ひろし》）

1

(1) 初《はじ》めのころ、賢治《けんじ》がいくつかの出版社《しゅっぱんしゃ》に持《も》ちこんだものは、何《なん》の原稿《げんこう》でしたか。

(2) ㋐しかたなくとは、どんな意味《いみ》ですか。

（　）時間《じかん》がないので。

（　）ほかに方法《ほうほう》がなくて。

(3) 賢治《けんじ》が自分《じぶん》で出《だ》した二冊《にさつ》の本《ほん》のうち、童話集《どうわしゅう》の題名《だいめい》は、何《なん》ですか。

(4) 賢治《けんじ》が自分《じぶん》で二冊《にさつ》の本《ほん》を出《だ》した結果《けっか》は、どうでしたか。二《ふた》つ書《か》きましょう。

ほとんど ＿＿＿＿。

ひどい ＿＿＿＿ が返《かえ》ってきた。

2

賢治《けんじ》は、どんなことに傷《きず》つきましたか。

イーハトーヴの夢《ゆめ》 (8)

名前

● 次《つぎ》の文章《ぶんしょう》を二回《にかい》読《よ》んで、答《こた》えましょう。

1

農業《のうぎょう》に対《たい》する考《かんが》え方《かた》にも、変化《へんか》が起《お》こっていた。

「一度《いちど》に大勢《おおぜい》の生徒《せいと》を相手《あいて》に理想《りそう》を語《かた》ってもだめだ。理想《りそう》と現実《げんじつ》の農業《のうぎょう》はちがう。実際《じっさい》に自分《じぶん》も農民《のうみん》になって、自分《じぶん》で耕《たがや》しながら人《ひと》と話《はな》さなければ。」そう思《おも》った賢治《けんじ》は、三十《さんじっ》さいのとき農学校《のうがっこう》をやめ、「羅須地人協会《らすちじんきょうかい》」という協会《きょうかい》を作《つく》る。農家《のうか》の若者《わかもの》たちを集《あつ》め、自分《じぶん》も耕《たがや》しながら勉強《べんきょう》する。それが賢治《けんじ》の目的《もくてき》だった。

2

協会《きょうかい》に集《あつ》まった農村《のうそん》の青年《せいねん》は三十人《さんじゅうにん》ほど。そこで賢治《けんじ》は、農業《のうぎょう》技術《ぎじゅつ》を教《おし》え、土《つち》とあせの中《なか》から新《あたら》しい芸術《げいじゅつ》を生《う》み出《だ》さなければならないことを語《かた》った。農民《のうみん》の劇団《げきだん》を作《つく》ったり、みんなで歌《うた》やおどりを楽《たの》しんだりした。

（令和二年度版　光村図書　国語六　創造　畑山《はたやま》　博《ひろし》）

1

(1) 賢治《けんじ》は、農業《のうぎょう》についてどう考《かんが》えるようになりましたか。○をつけましょう。

（　）一度《いちど》に大勢《おおぜい》の生徒《せいと》を相手《あいて》に理想《りそう》を語《かた》らなくてはならない。

（　）自分《じぶん》も農民《のうみん》になって、自分《じぶん》で耕《たがや》しながら人《ひと》と話《はな》さなければならない。

(2) 賢治《けんじ》が「羅須地人協会《らすちじんきょうかい》」を作《つく》った目的《もくてき》は、どうすることでしたか。文中《ぶんちゅう》から書《か》き出《だ》しましょう。

［　　　　］こと。

2

(1) 協会《きょうかい》に集《あつ》まった青年《せいねん》に、賢治《けんじ》が教《おし》えたことは、何《なん》ですか。

(2) 賢治《けんじ》は、協会《きょうかい》に集《あつ》まった青年《せいねん》に、どんなことを語《かた》りましたか。

［　　　　］の中《なか》から［　　　　］を生《う》み出《だ》さなければならないこと。

言葉《ことば》の変化《へんか》 (1)

名前

教科書《きょうかしょ》の「言葉《ことば》の変化《へんか》」を読《よ》んで、答《こた》えましょう。

(1) 次《つぎ》の文《ぶん》は、「時代《じだい》による言葉《ことば》のちがい」について説明《せつめい》したものです。（　）にあてはまる言葉《ことば》を□から選《えら》んで書《か》きましょう。

今《いま》、私《わたし》たちが使《つか》っている言葉《ことば》は、（　　　）をもとにしながらも、時代《じだい》の（　　　）の中《なか》で、人々《ひとびと》の生活《せいかつ》や（　　　）など、いろいろなえいきょうを受《う》けて変《か》わってきたものです。

考《かんが》え方《かた》 ・ 昔《むかし》の言葉《ことば》 ・ 流《なが》れ

(2) 次《つぎ》の言葉《ことば》は、昔《むかし》と今《いま》とで使《つか》い方《かた》にちがいが見《み》られます。それぞれの時代《じだい》の言葉《ことば》を表《あらわ》している意味《いみ》の方《ほう》を——線《せん》で結《むす》びましょう。

①
- 〈昔《むかし》〉すさまじ ・ 　・ 不調和《ふちょうわ》でおもしろくない。
- 〈今《いま》〉すさまじい ・ 　・ なんともおそろしい。程度《ていど》や勢《いきお》いがおそろしく激《はげ》しい。

②
- 〈昔《むかし》〉あは（わ）れなり ・ 　・ かわいそうだ。
- 〈今《いま》〉あわれだ ・ 　・ 喜《よろこ》び、楽《たの》しみ、悲《かな》しみなどを感《かん》じ、しみじみと感動《かんどう》する。

言葉《ことば》の変化《へんか》 (2)

名前

教科書《きょうかしょ》の「言葉《ことば》の変化《へんか》」を読《よ》んで、答《こた》えましょう。

(1) 次《つぎ》の文《ぶん》は、「世代《せだい》による言葉《ことば》のちがい」について説明《せつめい》したものです。（　）にあてはまる言葉《ことば》を［　］から選《えら》んで書《か》きましょう。

同《おな》じ時代《じだい》であっても、同《おな》じものを指《さ》すときに、（　　　）によってちがう言葉《ことば》を使《つか》う場合《ばあい》があります。ひいおじいさんなど上《うえ》の世代《せだい》では（　　　）や和語《わご》でよぶことが多《おお》く、下《した》の、若《わか》い世代《せだい》では（　　　）でよぶことが多《おお》くあります。

漢語《かんご》・外来語《がいらいご》・世代《せだい》

(2) 次《つぎ》の言葉《ことば》は、世代《せだい》によってちがう言《い》い方《かた》で表《あらわ》されることがあります。（　）にあてはまる言葉《ことば》を［　］から選《えら》んで書《か》きましょう。

上《うえ》の世代《せだい》の言葉《ことば》	下《した》の世代《せだい》の言葉《ことば》
えりまき	①（　　　）
②（　　　）	キッチン
暦《こよみ》	③（　　　）
④（　　　）	スプーン

さじ・マフラー・台所《だいどころ》・カレンダー

4頁

創造《そうぞう》

名前

● 次《つぎ》の詩《し》を二回《にかい》読《よ》んで、答《こた》えましょう。

創造《そうぞう》

一《いち》まいの紙《かみ》から、
船《ふね》が生《う》まれる。飛行機《ひこうき》が生《う》まれる。

ひとかたまりのねん土《ど》から、
象《ぞう》が生《う》まれる。つぼが生《う》まれる。

生《う》まれる、生《う》まれる。
わたしたちの手《て》から次々《つぎつぎ》と。

（令和二年度版　光村図書　国語六　創造　羽曽部《はそべ》　忠《ただし》）

(1) 「創造《そうぞう》」とは、どんな意味《いみ》ですか。○をつけましょう。

（○）新《あたら》しいものをつくり出《だ》すこと。この世《よ》に生《う》み出《だ》すこと。

（　）見《み》たことや経験《けいけん》したことがないものを、頭《あたま》の中《なか》に思《おも》いえがくこと。

(2) 一《いち》まいの紙《かみ》から生《う》まれるものは、何《なん》ですか。二《ふた》つ書《か》きましょう。

［船］［飛行機］

(3) ひとかたまりのねん土《ど》から生《う》まれるものは、何《なん》ですか。二《ふた》つ書《か》きましょう。

［象］［つぼ］

(4) (2)や(3)のようなものが、この詩《し》では、何《なに》から次々《つぎつぎ》と生《う》まれるといっていますか。詩《し》の中《なか》の七文字《しちもじ》の言葉《ことば》で書《か》きましょう。

わたしたちの手

5頁

春《はる》の河《かわ》

名前

● 次《つぎ》の詩《し》を二回音読《にかいおんどく》して、答《こた》えましょう。

春《はる》の河《かわ》

山村《やまむら》　暮鳥《ぼちょう》

たつぷり（たっぷり）と
春《はる》は
小《ちい》さな川々《かわがわ》まで
あふれてゐる（い）
あふれてゐる（い）

（令和二年度版　光村図書　国語六　創造　山村　暮鳥）

(1) 詩《し》の中《なか》で、くり返《かえ》されている言葉《ことば》を書《か》き出《だ》しましょう。（難《むずか》しい字《じ》は、ひらがなで書《か》きましょう。）

［あふれている］

(2) 春《はる》は、どのようにあふれていますか。詩《し》の中《なか》の言葉《ことば》で書《か》きましょう。

［たつぷり（たっぷり）］とあふれている。

(3) 春《はる》は、どんなところにまであふれていますか。

［小さな川々（まで）］

(4) 「春《はる》の河《かわ》」の詩《し》にえがかれているものを一《ひと》つ選《えら》んで○をつけましょう。

（　）春《はる》が待《ま》ち遠《どお》しい、冬《ふゆ》の季節《きせつ》の終《お》わりの様子《ようす》。

（○）待《ま》ちかねた春《はる》を実感《じっかん》する、春《はる》の季節《きせつ》の初《はじ》めの様子《ようす》。

（　）春《はる》から夏《なつ》に移《うつ》ろうとする、春《はる》の季節《きせつ》の終《お》わりの様子《ようす》。

6頁

小景異情《しょうけいいじょう》

名前

● 次《つぎ》の詩《し》を二回音読《にかいおんどく》して、答《こた》えましょう。

小景異情《しょうけいいじょう》

室生《むろう》　犀星《さいせい》

あんずよ
花着《はなつ》け
地《ち》ぞ早《は》やに輝《かが》やけ
あんずよ花着《はなつ》け
あんずよ燃《も》えよ

※あんず…春《はる》（三月《さんがつ》～四月《しがつ》ごろ）に、葉《は》が生《は》える前《まえ》に花《はな》をさかせる。花《はな》の色《いろ》は、うすいピンク色《いろ》。

（令和二年度版　光村図書　国語六　創造　室生　犀星）

(1) 作者《さくしゃ》は何《なに》によびかけていますか。詩《し》の中《なか》の三文字《さんもじ》の言葉《ことば》で書《か》きましょう。

あんず

(2) 作者《さくしゃ》は、あんずに何《なん》とよびかけていますか。詩《し》の中《なか》から二《ふた》つ書《か》き出《だ》しましょう。

［あんずよ 花着け］［あんずよ 燃えよ］

(3) 「地《ち》ぞ早《は》やに輝《かが》やけ」の行《ぎょう》から、作者《さくしゃ》はどんなことを思《おも》い、願《ねが》っていると考《かんが》えられますか。□から言葉《ことば》を選《えら》んで（　）に書《か》きましょう。

［あんずの（花）が（さく）ことによって、この場所《ばしょ》が（早く）かがやいてほしいということ。］

さく・早《はや》く・花《はな》

(4) あんずの花《はな》は、今《いま》、さいていますか。○をつけましょう。

（　）さいている。

（○）まださいていない。

7頁

帰《かえ》り道《みち》 (1)

名前

● 教科書《きょうかしょ》の「帰《かえ》り道《みち》」の全文《ぜんぶん》を読《よ》んだ後《あと》、次《つぎ》の文章《ぶんしょう》を二回読《にかいよ》んで、答《こた》えましょう。

1

［同級生《どうきゅうせい》の律《りつ》と二人《ふたり》の帰《かえ》り道《みち》、「ぼく」（周也《しゅうや》）は気《き》まずいちんもくにたえられず、あれこれ話《はな》しかけた。］

何《なに》を言《い》っても、㋐背中《せなか》ごしに聞《き》こえてくるのは、さえない足音《あしおと》だけ。ぼくがしゃべればしゃべるほど、その音《おと》は遠《とお》のいていくような気《き》がする。

ふいに母親《ははおや》の小言《こごと》が頭《あたま》をかすめたのは、下校中《げこうちゅう》の人《ひと》かげがあっちへこっちへ枝分《えだわ》かれして、㋑道《みち》がすいてきたころだった。

※さえない…はっきりしない。暗《くら》くしずんだ。

2

「周也《しゅうや》。あなた、おしゃべりなくせして、どうして会話《かいわ》のキャッチボールができないの。会話《かいわ》っていうのは、相手《あいて》の言葉《ことば》を受《う》け止《と》めて、それをきちんと投《な》げ返《かえ》すことよ。あなたは一人《ひとり》でぽんぽん球《たま》を放《ほう》っているだけで、それじゃ、ピンポンの壁打《かべう》ちといっしょ。」

※ピンポン…卓球《たっきゅう》のこと。

（令和二年度版　光村図書　国語六　創造　森《もり》　絵都《えと》）

1の文章《ぶんしょう》を読《よ》んで、答《こた》えましょう。

(1) ㋐背中《せなか》ごしに聞《き》こえてくるとありますが、「ぼく」（周也《しゅうや》）の後《うし》ろから、何《なに》が聞《き》こえてきましたか。○をつけましょう。

（○）律《りつ》のさえない足音《あしおと》だけ。

（　）律《りつ》がおしゃべりする声《こえ》。

(2) ㋑道《みち》がすいてきたころ、周也《しゅうや》の頭《あたま》をかすめたのは、何《なん》でしたか。

［母親の小言。］

2の文章《ぶんしょう》を読《よ》んで、答《こた》えましょう。

(1) 2のかぎ（「」）の中《なか》の言葉《ことば》は、だれの言葉《ことば》ですか。○をつけましょう。

（　）律《りつ》　（○）周也《しゅうや》の母親《ははおや》

(2) 母親《ははおや》は、周也《しゅうや》に何《なに》ができないと言《い》っていますか。文中《ぶんちゅう》の言葉《ことば》で書《か》きましょう。

［会話《かいわ》のキャッチボール。］

(3) 母親《ははおや》は、周也《しゅうや》の会話《かいわ》のしかたを何《なに》にたとえていますか。

［ピンポンの壁打《かべう》ち。］

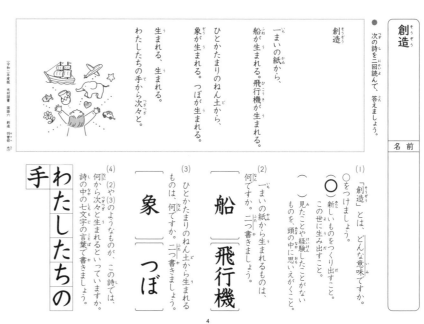

本書の解答は，あくまでもひとつの例です。児童に取り組ませる前に，必ず指導される方が問題を解いてください。指導される方の作られた解答をもとに，児童の多様な考えに寄り添って○つけをお願いします。

8頁

帰《かえ》り道《みち》 (2)

名前

● 次《つぎ》の文章《ぶんしょう》を二回《にかい》読《よ》んで、答《こた》えましょう。

1

［周也《しゅうや》は、「あなたはおしゃべりだけど、一人《ひとり》で球《たま》を放《ほう》っているだけで、ピンポンの壁打《かべう》ちといっしょ。」という母親《ははおや》の小言《こごと》を思《おも》い出《だ》した。］

ピンポン。なんだそりゃ、と

そのときは思《おも》ったけど、今《いま》、

こうして壁《かべ》みたいにだまりこくって

いる律《りつ》を相手《あいて》にしていると、㋐その

意味《いみ》が分《わ》かるような気《き》がしてくる。

たしかに、ぼくの言葉《ことば》は軽《かる》すぎる。

ぽんぽん、むだに打《う》ちすぎる。

もっとじっくりねらいを定《さだ》めて、

いい球《たま》を投《な》げられたなら、律《りつ》だって

何《なに》か返《かえ》してくれるんじゃないか。

2

でも、いい球《たま》って、どんなの

だろう。考《かんが》えたとたんに、舌《した》が

止《と》まった。何《なに》も言《い》えない。言葉《ことば》が

出《で》ない。どうしよう。あわてる

ほどにぼくの口《くち》は動《うご》かなくなって、

逆《ぎゃく》に、足《あし》は律《りつ》から

にげるように

スピードを増《ま》していく。

（令和二年度版　光村図書　国語六　創造　森《もり》　絵都《えと》）

1の文章《ぶんしょう》を読《よ》んで、答《こた》えましょう。

(1) 「ぼく」(周也《しゅうや》)は、今《いま》、どんな様子《ようす》の律《りつ》を相手《あいて》にしていますか。文中《ぶんちゅう》の言葉《ことば》で書《か》きましょう。（習《なら》っていない言葉《ことば》は、ひらがなで書《か》きましょう。）

［ かべ みたいに だまりこくって いる。］

(2) ㋐その意味《いみ》が分《わ》かるような気《き》がしてくる。とありますが、「ぼく」(周也《しゅうや》)は、自分《じぶん》の言葉《ことば》がどんなものだと気《き》がつきましたか。文中《ぶんちゅう》から二文《にぶん》を書《か》き出《だ》しましょう。

［たしかに、ぼくの言葉は軽すぎる。］

［ぽんぽん、むだに打ちすぎる。］

2の文章《ぶんしょう》を読《よ》んで、答《こた》えましょう

(1) 「ぼく」(周也《しゅうや》)は、どんなことを考《かんが》えたとたんに、言葉《ことば》が出《で》なくなりましたか。文中《ぶんちゅう》の言葉《ことば》で書《か》き出《だ》しましょう。

［（でも、）いい球って、どんなのだろう。］

9頁

帰《かえ》り道《みち》 (3)

名前

● 次《つぎ》の文章《ぶんしょう》を二回《にかい》読《よ》んで、答《こた》えましょう。

1

無言《むごん》のまま歩道橋《ほどうきょう》をわたった

先《さき》には、しかも、市立公園《しりつこうえん》が待《ま》ち

受《う》けていた。道《みち》の両側《りょうがわ》から木々《きぎ》の

こずえがたれこめた通《とお》り道《みち》。人声《ひとごえ》も、

車《くるま》の音《おと》も、工事《こうじ》の騒音《そうおん》も

聞《き》こえない緑《みどり》のトンネル。

ぼくはこの静《しず》けさが

㋐大《だい》の苦手《にがて》だった。

※たれこめる…低《ひく》く一面《いちめん》に広《ひろ》がる。

2

正確《せいかく》にいうと、だれかといるときの

ちんもくが苦手《にがて》だ。たちまち、

そわそわと落《お》ち着《つ》きをなくす。

何《なに》か言《い》わなきゃってあせる。

野球《やきゅう》チームに入《はい》る前《まえ》、律《りつ》とよく

いっしょに帰《かえ》っていたころも、

㋑ぼくはこの公園《こうえん》を通《とお》りかかるたび、

しんとした空気《くうき》をかきまぜる

みたいに、ピンポン球《だま》を乱打《らんだ》せずに

いられなかった。律《りつ》のほうは

ちんもくなんてちっとも気《き》にせず、

いつだって、マイペースなものだった

けど。

※ちんもく…何《なに》も言《い》わないでいること。

※たちまち…すぐに。

※乱打《らんだ》…むやみに打《う》つこと。

（令和二年度版　光村図書　国語六　創造　森《もり》　絵都《えと》）

1

(1) 歩道橋《ほどうきょう》をわたった先《さき》にあるのは、何《なん》というところですか。

［市立公園］

(2) 「ぼく」(周也《しゅうや》)が、㋐大《だい》の苦手《にがて》としているものは、何《なん》ですか。○をつけましょう。

（　）市立公園《しりつこうえん》の通《とお》り道《みち》の、トンネルのような暗《くら》さ。

（○）市立公園《しりつこうえん》の通《とお》り道《みち》の静《しず》けさ。

2

㋑ぼくはこの公園《こうえん》を…乱打《らんだ》せずにいられなかった。の文《ぶん》について答《こた》えましょう。

① 「ピンポン球《だま》を乱打《らんだ》する」とは、どうすることですか。○をつけましょう。

（○）次々《つぎつぎ》と言葉《ことば》を投《な》げかけること。

（　）ピンポン球《だま》をめちゃくちゃに打《う》つこと。

② 「ぼく」(周也《しゅうや》)が、そうせずにいられなかったのは、なぜですか。

ぼくは、ちんもくが、［苦手］で、何《なに》か言《い》わなきゃとあせるから。

③ この「ぼく」に対《たい》して、律《りつ》は、いつも、どんな様子《ようす》でしたか。

ちんもくなんてちっとも気《き》にせず、いつでも［マイペース］だった。

10頁

帰《かえ》り道《みち》 (4)

名前

● 次《つぎ》の文章《ぶんしょう》を二回《にかい》読《よ》んで、答《こた》えましょう。

1

そっと後《うし》ろをふり返《かえ》ると、やっぱり、

今日《きょう》も律《りつ》はおっとりと一歩一歩《いっぽいっぽ》を

きざんでいる。まぶしげに目《め》を細《ほそ》め、

木《こ》もれ日《び》をふりあおぐしぐさにも、

よゆうが見《み》てとれる。ぼくにはない

落《お》ち着《つ》きっぷりに見入《みい》っていると、

とつぜん、律《りつ》の両目《りょうめ》が大《おお》きく

見開《みひら》かれた。

※木《こ》もれ日《び》…木々《きぎ》の枝葉《えだは》のすき間《ま》からもれてくる日光《にっこう》。

※しぐさ…体《からだ》の動《うご》かし方《かた》。身《み》ぶり。

2

なんだ、と思《おも》う間《ま》もなく、ぼくの

ほおに最初《さいしょ》の一滴《いってき》が当《あ》たった。

㋐大《おお》つぶの水玉《みずたま》がみるみる

地面《じめん》をおおっていく。

天気雨《てんきあめ》——頭《あたま》では

分《わ》かっていながらも、

ピンポン球《だま》のことばかり

考《かんが》えていたせいか、空《そら》から

じゃんじゃん降《ふ》ってくる㋑それが、

ぼくの目《め》には一《いっ》しゅん、㋒無数《むすう》の白《しろ》い球《たま》

みたいにうつったんだ。

※天気雨《てんきあめ》…空《そら》は晴《は》れているのに、さっと降《ふ》るにわか雨《あめ》。

（令和二年度版　光村図書　国語六　創造　森《もり》　絵都《えと》）

1の文章《ぶんしょう》を読《よ》んで、答《こた》えましょう。

(1) そっと後《うし》ろをふり返《かえ》った「ぼく」(周也《しゅうや》)は、律《りつ》のどんな様子《ようす》に見入《みい》りましたか。

自分《じぶん》にはない［落ち着きっぷり］。

2の文章《ぶんしょう》を読《よ》んで、答《こた》えましょう。

(1) ㋐大《おお》つぶの水玉《みずたま》が…おおっていく。とは、どんな様子《ようす》を表《あらわ》していますか。○をつけましょう。

（　）大《おお》つぶの雨《あめ》が少《すこ》しだけふって、地面《じめん》が水玉《みずたま》もようになる様子《ようす》。

（○）大《おお》つぶの雨《あめ》がふり、あっという間《ま》に地面全体《じめんぜんたい》をぬらす様子《ようす》。

(2) ㋑それとは、何《なに》を指《さ》しますか。文中《ぶんちゅう》の三文字《さんもじ》の言葉《ことば》で答《こた》えましょう。

［天気雨］

(3) 天気雨《てんきあめ》が、ぼくの目《め》に、㋒無数《むすう》の白《しろ》い球《たま》みたいにうつったのは、なぜですか。

ぼくが、［ピンポン球］のことばかり考《かんが》えていたから。

11頁

帰《かえ》り道《みち》 (5)

名前

● 次《つぎ》の文章《ぶんしょう》を二回《にかい》読《よ》んで、答《こた》えましょう。

1

［天気雨《てんきあめ》が、ぼく（周也《しゅうや》）の目《め》には、一《いっ》しゅん、無数《むすう》の白《しろ》い球《たま》みたいにうつった。］

ぼくがむだに放《ほう》ってきた球《たま》の逆襲《ぎゃくしゅう》。

「うおっ。」と思《おも》わずとび上《あ》がったら、

後《うし》ろからも「何《なに》これ。」と律《りつ》の声《こえ》が

して、ぼくたちは全身《ぜんしん》に雨《あめ》を浴《あ》び

ながら、しばらくの間《あいだ》ばたばたと

暴《あば》れまくった。

はね上《あ》がる水《みず》しぶき。

びしょぬれのくつ。

たがいのあわてっぷり。㋐何《なに》もかもが

むしょうにおかしくて、雨《あめ》が通《とお》りすぎる

なり、㋑笑《わら》いがあふれだした。律《りつ》も

いっしょに笑《わら》ってくれたのがうれしくて、

㋒ぼくはことさらに大声《おおごえ》をはり上《あ》げた。

※逆襲《ぎゃくしゅう》…せめられていた方《ほう》が、逆《ぎゃく》に、こうげきすること。

※むしょうに…やたらに。

※ことさら…わざと。

2

はっとしたのは、㋓爆発的《ばくはつてき》な笑《わら》いが

去《さ》った後《あと》、律《りつ》が急《きゅう》にひとみを険《けわ》しく

してつぶやいたときだ。

㋔「ぼく、晴《は》れが好《す》きだけど、

たまには、雨《あめ》も好《す》きだ。

ほんとに両方《りょうほう》、好《す》きなんだ。」

（令和二年度版　光村図書　国語六　創造　森《もり》　絵都《えと》）

1

(1) ㋐何《なに》もかもとは、何《なに》を指《さ》していますか。すべてに○をつけましょう。

（　）ぼくがむだに放《ほう》った球《たま》。

（○）はね上《あ》がる水《みず》しぶき。

（○）びしょぬれのくつ。

（○）たがいのあわてっぷり。

(2) ㋑笑《わら》いがあふれだしたのは、なぜですか。

何《なに》もかもが、むしょうに、［おかしかった］から。

(3) ㋒ぼくがことさらに大声《おおごえ》をはり上《あ》げたのは、なぜですか。

律《りつ》もいっしょに笑《わら》ってくれたのが［うれしかった］から。

2

(1) ㋓ひとみを険《けわ》しくしてとは、どんな様子《ようす》のことですか。○をつけましょう。

（○）しんけんな目《め》をして。

（　）目《め》をきらきらかがやかせて。

(2) ㋔は、だれが言《い》った言葉《ことば》ですか。○をつけましょう。

（　）周也《しゅうや》　（○）律《りつ》

12頁

帰《かえ》り道《みち》 (6)

名前

● 次《つぎ》の文章《ぶんしょう》を二回《にかい》読《よ》んで、答《こた》えましょう。

1

〔律《りつ》は、急《きゅう》に、「ぼく、晴《は》れが好《す》きだけど、たまには、雨《あめ》も好《す》きだ。ほんとに両方《りょうほう》、好《す》きなんだ。」とつぶやいた。〕

たしかに、そうだ。晴《は》れがいいけど、こんな雨《あめ》なら大《だい》かんげい。どっちも好《す》きってこともある。心《こころ》で賛成《さんせい》しながらも、ぼくはとっさにそれを言葉《ことば》にできなかった。こんなときにかぎって口《くち》が動《うご》かず、できたのは、だまってうなずくだけ。なのに、なぜだか律《りつ》は雨上《あめあ》がりみたいなえがおにもどって、ぼくにうなずき返《かえ》したんだ。

「行《い》こっか。」

「うん。」

※とっさ…あっという間《ま》。ごく短《みじか》い時間《じかん》。

2

しめった土《つち》のにおいがただようトンネルを、律《りつ》と並《なら》んで再《ふたた》び歩《ある》きだしながら、ひょっとして——と、ぼくは思《おも》った。投《な》げそこなった。でも、ぼくは初《はじ》めて、律《りつ》の言葉《ことば》をちゃんと受《う》け止《と》められたのかもしれない。

(令和二年度版　光村図書　国語六　創造　森《もり》　絵都《えと》)

1

(1) 律《りつ》の言葉《ことば》を聞《き》いて、「ぼく」(周也《しゅうや》)は、どうしましたか。二《ふた》つに○をつけましょう。

( ) 「たしかに、そうだ。」と律《りつ》に言《い》った。

(○) 心《こころ》で賛成《さんせい》しながら、それをすぐに言葉《ことば》にできなかった。

(○) だまったまま、首《くび》をたてにふった。

( ) だまって、首《くび》を横《よこ》にふった。

(2) 「ぼく」(周也《しゅうや》)がうなずいた後《あと》、律《りつ》はどんな表情《ひょうじょう》で「ぼく」にうなずき返《かえ》しましたか。文中《ぶんちゅう》の言葉《ことば》を使《つか》って答《こた》えましょう。

雨上がりみたいなえがお。

2

律《りつ》と再《ふたた》び歩《ある》きだした「ぼく」(周也《しゅうや》)が、文中《ぶんちゅう》の思《おも》ったことは、どんなことですか。言葉《ことば》を使《つか》って書《か》き出《だ》しましょう。

言葉《ことば》を投《な》げそこなったが、ぼくは初めて、律の言葉をちゃんと受け止められたのかもしれないということ。

13頁

地域《ちいき》の施設《しせつ》を活用《かつよう》しよう

本は友達

名前

教科書《きょうかしょ》の「地域《ちいき》の施設《しせつ》を活用《かつよう》しよう」を読《よ》んで、答《こた》えましょう。

(1) 次《つぎ》の①、②の施設《しせつ》について説明《せつめい》した文章《ぶんしょう》で、( )にあてはまる言葉《ことば》を□から選《えら》んで書《か》きましょう。

① 文学館《ぶんがくかん》

物語《ものがたり》の作者《さくしゃ》や作品《さくひん》について深《ふか》く知《し》りたいときに行《い》くとよい施設《しせつ》。一人《ひとり》の作家《さっか》を中心《ちゅうしん》にあつかったところや、(地域)につながりのある作家《さっか》や作品《さくひん》を集《あつ》めたところなどがある。写真《しゃしん》や(年表)、手紙《てがみ》などの資料《しりょう》から、作家《さっか》の人生《じんせい》を知《し》ることができる。

地域《ちいき》・年表《ねんぴょう》

② 博物館《はくぶつかん》・資料館《しりょうかん》・美術館《びじゅつかん》

歴史《れきし》、(文化)、芸術《げいじゅつ》、産業《さんぎょう》、自然科学《しぜんかがく》などについて深《ふか》く知《し》りたいときに行《い》くとよい施設《しせつ》。館内《かんない》には、展示《てんじ》パネルや、実物《じつぶつ》の模型《もけい》、パンフレットなどのさまざまな(資料)がある。

資料《しりょう》・文化《ぶんか》

(2) 次《つぎ》のカードは、地域《ちいき》の施設《しせつ》で調《しら》べて分《わ》かったことを、記録《きろく》した例《れい》です。㋐〜㋒にあてはまる言葉《ことば》を□から選《えら》んで書《か》きましょう。

記録《きろく》カード　4月《がつ》27日《にち》

・(㋐)こと

人類《じんるい》で初《はじ》めて月《つき》に着陸《ちゃくりく》したのは，いつか。

・(㋑)こと

「1969年《ねん》7月《がつ》20日《にち》，アポロ11号《ごう》が月《つき》に着陸《ちゃくりく》し，2名《めい》のアメリカ人《じん》宇宙飛行士《うちゅうひこうし》が人類史上初《じんるいしじょうはじ》めて月面《げつめん》におり立《た》った。」(109ページ)

・(㋒)

「おもしろい世界《せかい》の歴史《れきし》」
田中《たなか》○○　監修《かんしゅう》
△△社《しゃ》，2020年《ねん》

出典《しゅってん》・分《わ》かった・調《しら》べる

㋐(調べる)

㋑(分かった)

㋒(出典)

14頁

漢字《かんじ》の形《かたち》と音《おん》・意味《いみ》 (1)

(同《おな》じ部分《ぶぶん》で同《おな》じ音《おん》)

名前

● ①、②の□には、それぞれ同《おな》じ読《よ》み方《かた》の漢字《かんじ》が入《はい》ります。あてはまる漢字《かんじ》を□から選《えら》んで書《か》きましょう。また、それらの漢字《かんじ》の共通《きょうつう》する部分《ぶぶん》を□に書《か》きましょう。

① カ

㋐ 公園《こうえん》の桜《さくら》が開《かい》花した。

㋑ 大《おお》きな貨物船《もつせん》が港《みなと》に入《はい》る。

㋒ 地域《ちいき》の伝統文《でんとうぶん》化について調《しら》べる。

化・貨・花

・共通《きょうつう》する部分《ぶぶん》　化

② キュウ

㋐ 野《や》球の試合《しあい》を見《み》に行《い》く。

㋑ おこづかいの値上《ねあ》げを要《よう》求する。

㋒ 救急車《きゅうしゃ》が病院《びょういん》へ向《む》かう。

救・球・求

・共通《きょうつう》する部分《ぶぶん》　求

15頁

漢字《かんじ》の形《かたち》と音《おん》・意味《いみ》 (2)

(同《おな》じ部分《ぶぶん》で同《おな》じ音《おん》)

名前

● ①、②の□には、それぞれ同《おな》じ読《よ》み方《かた》の漢字《かんじ》が入《はい》ります。あてはまる漢字《かんじ》を□から選《えら》んで書《か》きましょう。また、それらの漢字《かんじ》の共通《きょうつう》する部分《ぶぶん》を□に、読《よ》み方《かた》を( )にカタカナで書《か》きましょう。

①

㋐ 交通規《こうつうき》則を守《まも》る。

㋑ 白《しろ》い箱《はこ》の側面《めん》に色《いろ》をぬる。

㋒ 保健室《ほけんしつ》で身体《しんたい》測定《てい》をする。

則・測・側

・共通《きょうつう》する部分《ぶぶん》　則

・読《よ》み方《かた》　(ソク)

②

㋐ 今日《きょう》は晴天《てん》で、洗《せん》たく物《もの》がよくかわく。

㋑ 昨日《きのう》の出来事《できごと》について冷《れい》静に判断《はんだん》する。

㋒ 作文《さくぶん》の下書《したが》きを見直《みなお》し、清書《しょ》する。

㋓ あの青年《ねん》は、もうすぐ大学《だいがく》を卒業《そつぎょう》する。

清・静・青・晴

・共通《きょうつう》する部分《ぶぶん》　青

・読《よ》み方《かた》　(セイ)

本書の解答は，あくまでもひとつの例です。児童に取り組ませる前に，必ず指導される方が問題を解いてください。指導される方の作られた解答をもとに，児童の多様な考えに寄り添って○つけをお願いします。

16頁

漢字《かんじ》の形《かたち》と音《おん》・意味《いみ》 (3)
（同《おな》じ部分《ぶぶん》で同《おな》じ音《おん》）

名前

● ①、②の□には、それぞれ同《おな》じ読《よ》み方《かた》の漢字《かんじ》が入《はい》ります。あてはまる漢字《かんじ》を□から選《えら》んで書《か》きましょう。また、それらの漢字《かんじ》の共通《きょうつう》する部分《ぶぶん》を□に、読《よ》み方《かた》を（　）にカタカナで書《か》きましょう。

①
㋐ 計画《けいかく》どおり続《つづ》けるべきだと主《しゅ》**張**する。
㋑ インタビューで聞《き》いたことを手《て》**帳**にメモする。
㋒ 一人一人《ひとりひとり》の**長**所《しょ》を見《み》つけよう。

長・張・帳

・共通《きょうつう》する部分《ぶぶん》 **長**
・読《よ》み方《かた》（**チョウ**）

②
㋐ 賛成《さんせい》の意見《いけん》だけでなく、**反**対《たい》の意見《いけん》も聞《き》く。
㋑ 図工《ずこう》の時間《じかん》に**版**画《が》を制作《せいさく》する。
㋒ 毎日《まいにち》午前七時《ごぜんしちじ》に朝《あさ》ご**飯**を食《た》べる。

飯・反・版

・共通《きょうつう》する部分《ぶぶん》 **反**
・読《よ》み方《かた》（**ハン**）

17頁

漢字《かんじ》の形《かたち》と音《おん》・意味《いみ》 (4)
（同《おな》じ部分《ぶぶん》と意味《いみ》）

名前

(1) 次《つぎ》の①～③の漢字《かんじ》には、共通《きょうつう》する部分《ぶぶん》があります。その部分《ぶぶん》の名前《なまえ》を□から選《えら》んで□に書《か》きましょう。また、その部分《ぶぶん》が表《あらわ》す意味《いみ》を下《した》から選《えら》んで——線《せん》で結《むす》びましょう。

① 家　安　室　宿　**うかんむり**
② 思　感　念　志　**こころ**
③ 後　徒　往　復　**ぎょうにんべん**

- 心《こころ》に関係《かんけい》する意味《いみ》。
- 「行《い》く」や「道《みち》」などの意味《いみ》。
- 「家《いえ》」やおうことに関係《かんけい》する意味《いみ》。

こころ・ぎょうにんべん・うかんむり

(2) 月（にくづき）は、元《もと》は「肉《にく》」で、体《からだ》に関係《かんけい》のある漢字《かんじ》に使《つか》われます。次《つぎ》の絵《え》の㋐～㋔にあてはまる漢字《かんじ》を□から選《えら》んで書《か》きましょう。

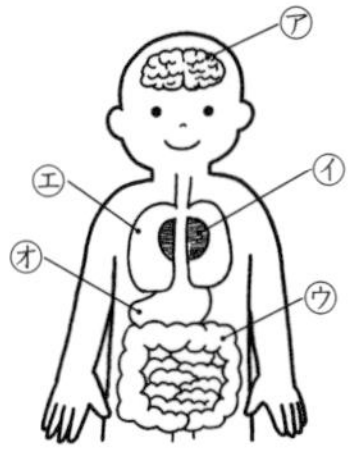

㋐ **脳**《のう》
㋑ 心《しん》**臓**《ぞう》
㋒ **腸**《ちょう》
㋓ **肺**《はい》
㋔ **胃**《い》

脳・肺・胃・腸・臓

18頁

漢字《かんじ》の形《かたち》と音《おん》・意味《いみ》 (5)
（同《おな》じ部分《ぶぶん》と意味《いみ》）

名前

(1) 次《つぎ》の①～③の部分《ぶぶん》をもつ漢字《かんじ》を□から二《ふた》つずつ選《えら》んで□に書《か》きましょう。また、その部分《ぶぶん》が表《あらわ》す意味《いみ》を下《した》から選《えら》んで——線《せん》で結《むす》びましょう。

① イ　**作**　**住**
② 扌　**指**　**投**
③ 忄　**快**　**情**

作・指・快・情・住・投

- 心《こころ》に関係《かんけい》する意味《いみ》。
- 人《ひと》に関係《かんけい》する意味《いみ》。
- 手《て》に関係《かんけい》する意味《いみ》。

(2) 次《つぎ》の①～③の部分《ぶぶん》をもつ漢字《かんじ》を□から二《ふた》つずつ選《えら》んで□に書《か》きましょう。また、その部分《ぶぶん》が表《あらわ》す意味《いみ》を下《した》から選《えら》んで——線《せん》で結《むす》びましょう。

① 頁　**顔**　**額**
② 力　**動**　**効**
③ 刂　**判**　**別**

顔・動・判・効・別・額

- 力《ちから》の働《はたら》きに関係《かんけい》する意味《いみ》。
- 刀《かたな》の働《はたら》きに関係《かんけい》する意味《いみ》。
- 人《ひと》の頭《あたま》に関係《かんけい》する意味《いみ》。

19頁

漢字《かんじ》の形《かたち》と音《おん》・意味《いみ》 (6)
（同《おな》じ部分《ぶぶん》と意味《いみ》）

名前

● 次《つぎ》の文《ぶん》に合《あ》うように、同《おな》じ部分《ぶぶん》をもつ漢字《かんじ》を□から選《えら》んで□に書《か》きましょう。また、それぞれの同《おな》じ部分《ぶぶん》が表《あらわ》す意味《いみ》を□から選《えら》んで記号《きごう》で答《こた》えましょう。

①
㋐ 国《こく》**語**《ご》の時間《じかん》に、**詩**《し》を音《おん》**読**《どく》する。
㋑ **話**《はな》し合《あ》いで決《き》まったことを、**記**《き》録《ろく》する。
㋒ 算数《さんすう》の**試**《し》験《けん》で、**計**《けい》算問題《さんもんだい》を解《と》く。

話・読・計・記・語・詩・試

〈意味《いみ》〉 **い**

②
㋐ 理科《りか》の**実**《じっ》験道具《けんどうぐ》を**安**《あん》**定**《てい》した場所《ばしょ》に置《お》く。
㋑ **家**《か》族《ぞく》みんなで大《おお》きなおふろのある**宿**《やど》にとまる。
㋒ 教《きょう》**室**《しつ》に、お**客**《きゃく》様《さま》をお招《まね》きする。

室・安・家・客・宿・定・実

〈意味《いみ》〉 **あ**

〈意味《いみ》〉
あ 家《いえ》に関係《かんけい》する意味《いみ》。
い 言葉《ことば》に関係《かんけい》する意味《いみ》。

20頁

季節《きせつ》の言葉《ことば》1
春《はる》のいぶき　(1)
名前

教科書《きょうかしょ》の「季節《きせつ》の言葉《ことば》1　春《はる》のいぶき」を読《よ》んで、答《こた》えましょう。

(1) 次《つぎ》の文章《ぶんしょう》で、（　）にあてはまる言葉《ことば》を□から選《えら》んで書《か》きましょう。

日本《にほん》では、（こよみ）のうえで季節《きせつ》を（二十四）に区切《くぎ》っていました（二十四節気《にじゅうしせっき》）。「春《はる》」には、順《じゅん》に、立春《りっしゅん》・雨水《うすい》・啓蟄《けいちつ》・春分《しゅんぶん》・清明《せいめい》・穀雨《こくう》の、（六つ）の言葉《ことば》があります。

六《むっ》つ　・　二十四《にじゅうよん》　・　こよみ

(2) 次《つぎ》の説明《せつめい》にあてはまる二十四節気《にじゅうしせっき》の言葉《ことば》を□から選《えら》んで□に書《か》きましょう。
また、その読《よ》みがなを（　）に書《か》きましょう。

① こよみのうえで、春《はる》が始《はじ》まる日《ひ》。（二月四日《にがつよっか》ごろ）
立春（りっしゅん）

② 雪《ゆき》が雨《あめ》に変《か》わり、積《つ》もった雪《ゆき》が解《と》け始《はじ》めるころ。（二月十九日《にがつじゅうくにち》ごろ）
雨水（うすい）

③ 昼《ひる》と夜《よる》の長《なが》さが、ほぼ等《ひと》しくなる日《ひ》。（三月二十一日《さんがつにじゅういちにち》ごろ）
春分（しゅんぶん）

春分　・　立春　・　雨水

21頁

季節《きせつ》の言葉《ことば》1
春《はる》のいぶき　(2)
名前

(1) 次《つぎ》の短歌《たんか》を二回音読《にかいおんどく》して、答《こた》えましょう。

木立《こだち》より／雪解《ゆきげ》のしづく（ず）／落《お》つるおと／
聞《き》きつつわれは／歩《あゆ》みをとどむ
斎藤《さいとう》　茂吉《もきち》

※雪解《ゆきげ》…雪《ゆき》どけのこと。

① 五《ご》・七《しち》・五《ご》・七《しち》・七《しち》のリズムで読《よ》めるように、上《うえ》の短歌《たんか》を／線《せん》で区切《くぎ》りましょう。

② 上《うえ》の短歌《たんか》で、作者《さくしゃ》はどんなことに気《き》がついて春《はる》を感《かん》じていますか。
（　）にあてはまる言葉《ことば》を□から選《えら》んで書《か》きましょう。

（雪）が解《と》けて、木《き》の枝《えだ》から（しずく）が落《お》ちる音《おと》。

しずく　・　雪《ゆき》

(2) 次《つぎ》の俳句《はいく》を二回音読《にかいおんどく》して、答《こた》えましょう。

掘《ほ》り返《かえ》す／塊《つちくれ》光《ひか》る／穀《こく》雨《う》かな
西山《にしやま》　泊雲《はくうん》

※塊《つちくれ》…土《つち》のかたまり。
※穀雨《こくう》…春《はる》を表《あらわ》す、二十四節気《にじゅうしせっき》の言葉《ことば》の一《ひと》つ。いろいろな穀物《こくもつ》をうるおし、芽《め》を出《だ》させる春《はる》の雨《あめ》という意味《いみ》。これを過《す》ぎると、いよいよ夏《なつ》が近《ちか》づいてくる。（四月二十日《しがつはつか》ごろ）

① 五《ご》・七《しち》・五《ご》のリズムで読《よ》めるように、上《うえ》の俳句《はいく》を／線《せん》で区切《くぎ》りましょう。

② 上《うえ》の俳句《はいく》から、季語《きご》（季節《きせつ》を表《あらわ》す言葉《ことば》）を書《か》き出《だ》しましょう。（習《なら》っていない漢字《かんじ》は、ひらがなで書《か》きましょう。）

穀雨（こく雨）

③ 上《うえ》の俳句《はいく》で、作者《さくしゃ》は何《なに》を見《み》て春《はる》の季節《きせつ》を感《かん》じていますか。○をつけましょう。

（○）雨《あめ》にぬれて光《ひか》る土《つち》のかたまり。
（　）畑《はたけ》でとれた穀物《こくもつ》。

（令和二年度版　光村図書　国語六　創造「季節の言葉1　春のいぶき」による）

22頁

聞《き》いて、考《かんが》えを深《ふか》めよう
名前

教科書《きょうかしょ》の「聞《き》いて、考《かんが》えを深《ふか》めよう」を読《よ》んで、答《こた》えましょう。

● 次《つぎ》の文章《ぶんしょう》は、「学習《がくしゅう》では、シャープペンシルよりもえんぴつを使《つか》ったほうがよい。」という話題《わだい》に対《たい》しての、岡田《おかだ》さんの意見《いけん》です。この文章《ぶんしょう》を読《よ》んで、問題《もんだい》に答《こた》えましょう。

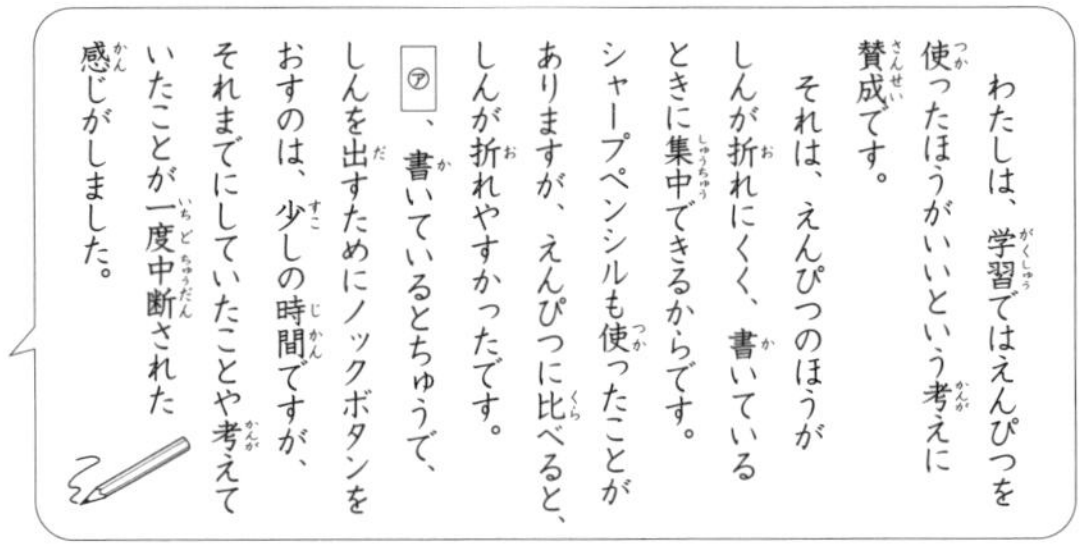

(1) 岡田《おかだ》さんは、「学習《がくしゅう》では、シャープペンシルよりえんぴつを使《つか》ったほうがよい。」という話題《わだい》に対《たい》して、どんな立場《たちば》をとっていますか。○をつけましょう。

（○）賛成《さんせい》　（　）反対《はんたい》

(2) 岡田《おかだ》さんは、(1)の立場《たちば》をとった理由《りゆう》を挙《あ》げています。文中《ぶんちゅう》から一文《いちぶん》を書《か》き出《だ》しましょう。

それは、えんぴつのほうが、しんが折れにくく、書いているときに集中できるからです。

(3) 岡田《おかだ》さんは意見《いけん》を裏《うら》づける事例《じれい》をいくつ挙《あ》げていますか。○をつけましょう。

（　）一《ひと》つ　（○）二《ふた》つ

(4) ㋐にあてはまるつなぎ言葉《ことば》を一《ひと》つ選《えら》んで○をつけましょう。

（　）だから
（　）けれども
（○）また

（令和二年度版　光村図書　国語六　創造「聞いて、考えを深めよう」による）

23頁

笑《わら》うから楽《たの》しい　(1)
名前

● 次《つぎ》の文章《ぶんしょう》を二回読《にかいよ》んで、答《こた》えましょう。

1
① 私《わたし》たちの体《からだ》の動《うご》きと心《こころ》の動《うご》きは、密接《みっせつ》に関係《かんけい》しています。例《たと》えば、私《わたし》たちは悲《かな》しいときに泣《な》く、楽《たの》しいときに笑《わら》うというように、心《こころ》の動《うご》きが体《からだ》の動《うご》きに表《あらわ》れます。

※密接《みっせつ》…関係《かんけい》が深《ふか》くて強《つよ》いようす。

2
しかし、㋐それと同時《どうじ》に、㋑体《からだ》を動《うご》かすことで、心《こころ》を動《うご》かすこともできるのです。泣《な》くと悲《かな》しくなったり、笑《わら》うと楽《たの》しくなったりするということです。

1
(1) 私《わたし》たちの何《なに》と何《なに》が、密接《みっせつ》に関係《かんけい》していますか。

体の動き　と　心の動き。

(2) 心《こころ》の動《うご》きが体《からだ》の動《うご》きに表《あらわ》れる事例《じれい》として、どんなことが挙《あ》げられていますか。

悲しい　ときに泣《な》き、楽しい　ときに笑《わら》うということ。

2
(1) ㋐それとは、何《なに》を指《さ》しますか。

心　の動《うご》きが　体　の動《うご》きに表《あらわ》れること。

(2) ㋑体《からだ》を動《うご》かすことで、心《こころ》を動《うご》かすこともできる二《ふた》つの事例《じれい》を表《ひょう》にまとめました。（　）にあてはまる言葉《ことば》を書《か》きましょう。

体《からだ》を動《うご》かすこと	心《こころ》を動《うご》かすこと
①（泣く）	悲《かな》しくなる
笑《わら》う	②（楽しく）なる

（令和二年度版　光村図書　国語六　創造　中村《なかむら》　真《まこと》）

解答例

本書の解答は，あくまでもひとつの例です。児童に取り組ませる前に，必ず指導される方が問題を解いてください。指導される方の作られた解答をもとに，児童の多様な考えに寄り添って○つけをお願いします。

24頁

笑《わら》うから楽《たの》しい　(2)

名前

● 次《つぎ》の文章《ぶんしょう》を二回《にかい》読《よ》んで、答《こた》えましょう。

1

② 私《わたし》たちの脳《のう》は、体《からだ》の動《うご》きを読《よ》み取《と》って、それに合《あ》わせた心《こころ》の動《うご》きを呼《よ》び起《お》こします。㋐ある実験《じっけん》で、参加者《さんかしゃ》に口《くち》を横《よこ》に開《ひら》いて、歯《は》が見《み》えるようにしてもらいました。このときの顔《かお》の動《うご》きは、笑《わら》っているときの表情《ひょうじょう》と、とてもよく似《に》ています。実験《じっけん》の参加者《さんかしゃ》は、自分《じぶん》たちがえがおになっていることに気づいていませんでしたが、自然《しぜん》とゆかいな気持《きも》ちになっていました。

2

このとき、脳《のう》は表情《ひょうじょう》から「今《いま》、自分《じぶん》は笑《わら》っている」と判断《はんだん》し、笑《わら》っているときの心《こころ》の動《うご》き、つまり楽《たの》しい気持《きも》ちを引《ひ》き起《お》こしていたのです。

※判断《はんだん》…どのようにしたらよいか、考《かんが》えて決《き》めること。

（令和二年度版　光村図書　国語六　創造　中村《なかむら》　真《まこと》）

1

(1) ㋐ある実験《じっけん》で、参加者《さんかしゃ》にどんなふうにしてもらいましたか。

〔 口 を横《よこ》に開《ひら》いて、歯 が見《み》えるようにしてもらった。 〕

(2) 実験《じっけん》で参加者《さんかしゃ》にしてもらった顔《かお》の動《うご》きは、どういう表情《ひょうじょう》と、とてもよく似《に》ていますか。文中《ぶんちゅう》の言葉《ことば》で書《か》きましょう。

〔 笑っているときの表情 〕

(3) 実験《じっけん》の参加者《さんかしゃ》は、実験《じっけん》の中《なか》でどんな気持《きも》ちになっていましたか。文中《ぶんちゅう》の言葉《ことば》で書《か》きましょう。

〔 自然 と ゆかいな 気持《きも》ち。 〕

2

(1) 脳《のう》は表情《ひょうじょう》から何《なに》と判断《はんだん》していましたか。

〔 今、自分は笑っている 〕

(2) 脳《のう》は、笑《わら》っているときの、どんな気持《きも》ちを引《ひ》き起《お》こしていたのですか。

〔 楽しい気持ち 〕

25頁

笑《わら》うから楽《たの》しい　(3)

名前

● 次《つぎ》の文章《ぶんしょう》を二回《にかい》読《よ》んで、答《こた》えましょう。

1

③ 表情《ひょうじょう》によって呼吸《こきゅう》が変化《へんか》し、脳内《のうない》の血液温度《けつえきおんど》が変《か》わることも、私《わたし》たちの心《こころ》の動《うご》きを決《き》める大切《たいせつ》な要素《ようそ》の一《ひと》つです。

※要素《ようそ》…もとになることがら。

2

人《ひと》は、脳《のう》を流《なが》れる血液《けつえき》の温度《おんど》が低《ひく》ければ、ここちよく感《かん》じることが分《わ》かっています。㋐笑《わら》ったときの表情《ひょうじょう》は、笑《わら》っていないときと比《くら》べて、鼻《はな》の入《い》り口《ぐち》が広《ひろ》くなるので、多《おお》くの空気《くうき》を取《と》りこむことができます。えがおになって、たくさんの空気《くうき》を吸《す》いこむと、脳《のう》を流《なが》れる血液《けつえき》が冷《ひ》やされて、㋑楽《たの》しい気持《きも》ちが生《しょう》じるのです。

※生《しょう》じる…起《お》こる。生《う》まれる。

（令和二年度版　光村図書　国語六　創造　中村《なかむら》　真《まこと》）

1

筆者《ひっしゃ》は、どんなことも私《わたし》たちの心《こころ》の動《うご》きを決《き》める大切《たいせつ》な要素《ようそ》の一《ひと》つだと述《の》べていますか。

〔 表情《ひょうじょう》によって呼吸《こきゅう》が 変化 し、脳内《のうない》の 血液温度 が変《か》わること。 〕

2

(1) 人《ひと》は、脳《のう》を流《なが》れる血液《けつえき》の温度《おんど》が低《ひく》ければ、どう感《かん》じますか。

〔 ここちよく 感《かん》じる。 〕

(2) ㋐笑《わら》ったときから、㋑楽《たの》しい気持《きも》ちが生《しょう》じるまでに起《お》こることを順番《じゅんばん》に考《かんが》え、□にあてはまる言葉《ことば》を書《か》きましょう。

〔 ① 笑《わら》う（えがおになる）。 ← ② 鼻 の入《い》り口《ぐち》が広《ひろ》くなる。 ← ③ たくさんの 空気 を吸《す》いこむ。 ← ④ 脳《のう》を流《なが》れる 血液 が冷《ひ》やされる。 ← ⑤ 楽《たの》しい気持《きも》ちが生《しょう》じる。 〕

26頁

時計《とけい》の時間《じかん》と心《こころ》の時間《じかん》　(1)

名前

● 次《つぎ》の文章《ぶんしょう》を二回《にかい》読《よ》んで、答《こた》えましょう。

1

みなさんが「時間《じかん》」と聞《き》いて思《おも》いうかべるのは、きっと時計《とけい》が表《あらわ》す時間《じかん》のことでしょう。私《わたし》はこれを、「時計《とけい》の時間《じかん》」とよんでいます。「時計《とけい》の時間《じかん》」は、もともとは、地球《ちきゅう》の動《うご》きをもとに定《さだ》められたもので、いつ、どこで、だれが計《はか》っても同《おな》じように進《すす》みます。

2

しかし、「心《こころ》の時間《じかん》」はちがいます。「心《こころ》の時間《じかん》」とは、私《わたし》たちが体感《たいかん》している時間《じかん》のことです。みなさんは、あっというまに時間《じかん》が過《す》ぎるように感《かん》じたり、なかなか時間《じかん》がたたないと思《おも》ったりしたことはありませんか。私《わたし》たちが感《かん》じている時間《じかん》は、いつでも、どこでも、だれにとっても、同《おな》じものとはいえません。「心《こころ》の時間《じかん》」には、さまざまな事《こと》がらのえいきょうを受《う》けて進《すす》み方《かた》が変《か》わったり、人《ひと》によって感覚《かんかく》がちがったりする㋐特性《とくせい》があるのです。

※特性《とくせい》…特別《とくべつ》な性質《せいしつ》。ここでは、「心《こころ》の時間《じかん》」の性質《せいしつ》。

（令和二年度版　光村図書　国語六　創造　一川《いちかわ》　誠《まこと》）

1

(1) 筆者《ひっしゃ》が「時計《とけい》の時間《じかん》」とよんでいるのは、どんな時間《じかん》のことですか。文中《ぶんちゅう》の言葉《ことば》で書《か》きましょう。

〔 時計が表す 時間《じかん》。 〕

(2) 「時計《とけい》の時間《じかん》」の説明《せつめい》をしているものを、二《ふた》つ選《えら》んで○をつけましょう。

（○）地球《ちきゅう》の動《うご》きをもとに定《さだ》められた。

（　）人《ひと》によってちがうこともある。

（○）いつ、どこで、だれが計《はか》っても同《おな》じ。

2

(1) 筆者《ひっしゃ》が「心《こころ》の時間《じかん》」とよんでいるのは、どんな時間《じかん》のことですか。文中《ぶんちゅう》の言葉《ことば》で書《か》きましょう。

〔 私たちが体感している 時間《じかん》。 〕

(2) 「心《こころ》の時間《じかん》」の㋐特性《とくせい》を説明《せつめい》しているものを、二《ふた》つ選《えら》んで○をつけましょう。

（　）いつでも、どこでも、だれにとっても、同《おな》じ。

（○）さまざまな事《こと》がらのえいきょうを受《う》けて進《すす》み方《かた》が変《か》わる。

（○）人《ひと》によって感覚《かんかく》がちがう。

27頁

時計《とけい》の時間《じかん》と心《こころ》の時間《じかん》　(2)

名前

● 次《つぎ》の文章《ぶんしょう》を二回《にかい》読《よ》んで、答《こた》えましょう。

1

「心《こころ》の時間《じかん》」には、さまざまな事《こと》がらのえいきょうを受《う》けて進《すす》み方《かた》が変《か》わったり、人《ひと》によって感覚《かんかく》がちがったりする特性《とくせい》があるのです。㋐分《わ》かりやすい例《れい》が、「その人《ひと》がそのときに行《おこな》っていることをどう感《かん》じているかによって、進《すす》み方《かた》が変《か》わる」というものです。

2

みなさんも、楽《たの》しいことをしているときは時間《じかん》がたつのが速《はや》く、たいくつなときはおそく感《かん》じたという経験《けいけん》があるでしょう。㋑このようなことが起《お》こるのは、時間《じかん》を気《き》にすることに、時間《じかん》を長《なが》く感《かん》じさせる効果《こうか》があるためだと考《かんが》えられています。

（令和二年度版　光村図書　国語六　創造　一川《いちかわ》　誠《まこと》）

1

「心《こころ》の時間《じかん》」の特性《とくせい》の㋐分《わ》かりやすい例《れい》の中《なか》で、「心《こころ》の時間《じかん》」の進《すす》み方《かた》は、何《なに》によって変《か》わると筆者《ひっしゃ》は述《の》べていますか。文中《ぶんちゅう》の言葉《ことば》で書《か》きましょう。

〔 その人 が そのとき に行《おこな》っていることを どう感じているか によって、進《すす》み方《かた》が変《か》わる。 〕

2

(1) ㋑このようなこととは、どのようなことを指《さ》していますか。

〔 楽《たの》しいことをしているときは時間《じかん》がたつのが 速く、たいくつなときは おそく 感《かん》じたこと。 〕

(2) ㋑このようなことが起《お》こるのは、どうしてだと考《かんが》えられていますか。文中《ぶんちゅう》から言葉《ことば》を書《か》き出《だ》しましょう。

〔 時間を気にすることに、時間を長く感じさせる効果があるため 〕

28頁

時計《とけい》の時間《じかん》と心《こころ》の時間《じかん》 (3)

名前

● 次《つぎ》の文章《ぶんしょう》を二回《にかい》読《よ》んで、答《こた》えましょう。

1

〔楽《たの》しいことをしているときは時間《じかん》がたつのが速《はや》く、たいくつなときはおそく感《かん》じるというのは、時間《じかん》を気《き》にすることに、時間《じかん》を長《なが》く感《かん》じさせる効果《こうか》があるためだと考《かんが》えられています。〕

例《たと》えば、あなたがゲームに夢中《むちゅう》になっているときには、集中《しゅうちゅう》しているので、時間《じかん》を気《き》にする回数《かいすう》が減《へ》ります。すると、時間《じかん》はあっというまに過《す》ぎるように感《かん》じます。

2

逆《ぎゃく》に、きらいなことやつまらなく感《かん》じることには、集中《しゅうちゅう》しにくくなるので、時間《じかん》を気《き》にする回数《かいすう》が増《ふ》えます。その結果《けっか》、時間《じかん》がなかなか進《すす》まないように感《かん》じるのです。

（令和二年度版　光村図書　国語六　創造　一川《いちかわ》　誠《まこと》）

1

(1) ゲームに夢中《むちゅう》になっているときのことは、どんなときの例《れい》として挙《あ》げられていますか。○をつけましょう。

（　）たいくつなとき。
（○）楽《たの》しいことをしているとき。

(2) ゲームに夢中《むちゅう》になっているとき、時間《じかん》を気《き》にする回数《かいすう》が減《へ》るのは、なぜですか。

集中しているから。

(3) ゲームに夢中《むちゅう》になっているときの時間《じかん》は、どんなふうに感《かん》じますか。

あっというまに過ぎるように感《かん》じる。

2

(1) きらいなことやつまらなく感《かん》じることとは、どんなときの例《れい》ですか。○をつけましょう。

（○）たいくつなとき。
（　）楽《たの》しいとき。

(2) きらいなことやつまらなく感《かん》じることには、時間《じかん》はどんなふうに感《かん》じますか。

なかなか進まないように感《かん》じる。

29頁

時計《とけい》の時間《じかん》と心《こころ》の時間《じかん》 (4)

名前

● 次《つぎ》の文章《ぶんしょう》を二回《にかい》読《よ》んで、答《こた》えましょう。

1

一日《いちにち》の時間帯《じかんたい》によっても、「心《こころ》の時間《じかん》」の進《すす》み方《かた》は変《か》わります。実験《じっけん》①は㋐この変化《へんか》について調《しら》べたものです。実験《じっけん》の参加者《さんかしゃ》に、一日四回《いちにちよんかい》、決《き》まった時刻《じこく》に、時計《とけい》を見《み》ないで三十秒《さんじゅうびょう》の時間《じかん》を計《はか》ってもらい、そのとき「時計《とけい》の時間《じかん》」がどのくらい経過《けいか》していたかを記録《きろく》してもらいました。

※経過《けいか》していた…（時間《じかん》が）たっていた。

2

実験《じっけん》①のグラフは、それぞれの時刻《じこく》ごとに、記録《きろく》の平均《へいきん》を示《しめ》したものです。グラフを見《み》ると、感《かん》じた時間《じかん》は同《おな》じ三十秒《さんじゅうびょう》でも、朝《あさ》や夜《よる》は、昼《ひる》に比《くら》べて長《なが》い時間《じかん》がたっていたことが分《わ》かります。

実験《じっけん》①
時間帯《じかんたい》による時間《じかん》の感《かん》じ方《かた》の変化《へんか》
計測《けいそく》した時刻《じこく》ごとに、複数《ふくすう》の参加者《さんかしゃ》の記録《きろく》を平均《へいきん》し、その数値《すうち》をグラフとして表《あらわ》した。

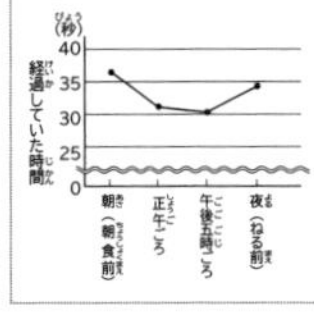

（令和二年度版　光村図書　国語六　創造　一川《いちかわ》　誠《まこと》）

1

(1) 実験《じっけん》①で調《しら》べた㋐この変化《へんか》とは、何《なん》の変化《へんか》のことですか。文中《ぶんちゅう》の言葉《ことば》で書《か》きましょう。

一日《いちにち》の**時間帯**による「**心の時間**」の進《すす》み方《かた》の変化《へんか》。

(2) 実験《じっけん》①で、参加者《さんかしゃ》には、どのようにして三十秒《さんじゅうびょう》の時間《じかん》を計《はか》ってもらいましたか。○をつけましょう。

（　）時計《とけい》を見《み》ながら計《はか》ってもらった。
（○）時計《とけい》を見《み》ないで計《はか》ってもらった。

2

(1) 実験《じっけん》①のグラフを見《み》ると、どんなことが分《わ》かりますか。文中《ぶんちゅう》から書《か》き出《だ》しましょう。

感《かん》じた時間《じかん》は同《おな》じ三十秒《さんじゅうびょう》でも、**朝や夜は、昼に比べて長い時間がたっていたこと**

(2) 上《うえ》のグラフから、三十秒《さんじゅうびょう》と感《かん》じた時間《じかん》が、「時計《とけい》の時間《じかん》」でいちばん長《なが》い時間《じかん》だったのは、いつですか。○をつけましょう。

（○）朝《あさ》
（　）午後五時《ごごごじ》ごろ

30頁

時計《とけい》の時間《じかん》と心《こころ》の時間《じかん》 (5)

名前

● 次《つぎ》の文章《ぶんしょう》を二回《にかい》読《よ》んで、答《こた》えましょう。

1

〔「時間帯《じかんたい》による時間《じかん》の感《かん》じ方《かた》の変化《へんか》」を調《しら》べた実験《じっけん》で、参加者《さんかしゃ》に時計《とけい》を見《み》ないで三十秒《さんじゅうびょう》の時間《じかん》を計《はか》ってもらい、そのとき「時計《とけい》の時間《じかん》」がどのくらいだったかをグラフに表《あらわ》しました。〕

グラフを見《み》ると、㋐感《かん》じた時間《じかん》は同《おな》じ三十秒《さんじゅうびょう》でも、朝《あさ》や夜《よる》は、昼《ひる》に比《くら》べて長《なが》い時間《じかん》がたっていたことが分《わ》かります。つまり、昼《ひる》よりも時間《じかん》が速《はや》くたつように感《かん》じているということなのです。

2

㋑これは、その時間帯《じかんたい》の体《からだ》の動《うご》きのよさと関係《かんけい》があると考《かんが》えられています。私《わたし》たちの体《からだ》は、朝《あさ》、起《お》きたばかりのときや、夜《よる》、ねる前《まえ》には、動《うご》きが悪《わる》くなります。すると、昼間《ひるま》であればすぐにできることでも、時間《じかん》がかかるので、あっというまに時間《じかん》が過《す》ぎるように感《かん》じるのです。

（令和二年度版　光村図書　国語六　創造　一川《いちかわ》　誠《まこと》）

1

㋐感《かん》じた時間《じかん》は…朝《あさ》や夜《よる》は、昼《ひる》に比《くら》べて長《なが》い時間《じかん》がたっていたとありますが、これは、実験《じっけん》の参加者《さんかしゃ》がどう感《かん》じていたことになりますか。○をつけましょう。

（　）朝《あさ》も夜《よる》も昼《ひる》と変《か》わらない。
（○）朝《あさ》や夜《よる》は、昼《ひる》よりも時間《じかん》が速《はや》くたつように感《かん》じていた。

2

(1) ㋑これとは、どういうことを指《さ》していますか。

朝《あさ》や夜《よる》は、昼《ひる》よりも時間《じかん》が**速く**たつように感《かん》じているということ。

(2) 朝《あさ》や夜《よる》には、私《わたし》たちの体《からだ》の動《うご》きはどうなりますか。○をつけましょう。

（○）体《からだ》の動《うご》きは、悪《わる》くなる。
（　）体《からだ》の動《うご》きは、よくなる。

(3) 朝《あさ》や夜《よる》に、あっというまに時間《じかん》が過《す》ぎるように感《かん》じるのは、なぜですか。

昼間《ひるま》であればすぐにできることでも、**時間がかかる**から。

31頁

情報《じょうほう》 主張《しゅちょう》と事例《じれい》

名前

教科書《きょうかしょ》の「主張《しゅちょう》と事例《じれい》」を読《よ》んで、答《こた》えましょう。

(1) 次《つぎ》の文章《ぶんしょう》は、「事例《じれい》」について説明《せつめい》したものです。（　）にあてはまる言葉《ことば》を□から選《えら》んで書《か》きましょう。

事例《じれい》には、（**実験**）や調査《ちょうさ》によって分《わ》かったことや、実際《じっさい》の経験《けいけん》、現在《げんざい》のようすにもとづいたことなどがあります。話《はな》したり書《か》いたりするときには、（**相手**）にとって分《わ》かりやすい事例《じれい》を挙《あ》げるようにします。また、「主張《しゅちょう》と事例《じれい》」の（**関係**）をもとにして考《かんが》えて、話《はなし》や文章《ぶんしょう》の構成《こうせい》をすることも大切《たいせつ》です。

相手《あいて》　・　実験《じっけん》　・　関係《かんけい》

(2) 次《つぎ》の①、②の主張《しゅちょう》を支《ささ》える「事例《じれい》」として合《あ》うほうに○をつけましょう。

① 学校《がっこう》の昼休《ひるやす》みは短《みじか》いほうがいいと思《おも》います。

（○）昼休《ひるやす》みが短《みじか》い分《ぶん》、学校《がっこう》が早《はや》く終《お》われば、放課後《ほうかご》の自由《じゆう》な時間《じかん》がふえて友達《ともだち》とたくさん遊《あそ》べます。
（　）昼休《ひるやす》みは、放課後《ほうかご》には習《なら》いごとでいそがしい友達《ともだち》とも遊《あそ》ぶことができる、ぼくにとって大切《たいせつ》な時間《じかん》です。

② 学校《がっこう》の昼食《ちゅうしょく》は、給食《きゅうしょく》より弁当《べんとう》のほうがいいと思《おも》います。

（　）家《いえ》では食《た》べたことのない料理《りょうり》が給食《きゅうしょく》に出《で》てきて、楽《たの》しくなることがあります。
（○）私《わたし》には給食《きゅうしょく》の量《りょう》が多《おお》くて、時間内《じかんない》に食《た》べきれないことがあります。

本書の解答は，あくまでもひとつの例です。児童に取り組ませる前に，必ず指導される方が問題を解いてください。指導される方の作られた解答をもとに，児童の多様な考えに寄り添って○つけをお願いします。

32 頁

話《はな》し言葉《ことば》と書《か》き言葉《ことば》

名前

教科書《きょうかしょ》の「話《はな》し言葉《ことば》と書《か》き言葉《ことば》」を読《よ》んで、答《こた》えましょう。

(1) 次《つぎ》の（　）にあてはまる言葉《ことば》を□から選《えら》んで書《か》きましょう。

・（音声）で表《あらわ》す言葉《ことば》を、話《はな》し言葉《ことば》という。言葉《ことば》に表《あらわ》してもすぐに消《き》える。

・（文字）で表《あらわ》す言葉《ことば》を、書《か》き言葉《ことば》という。言葉《ことば》に表《あらわ》すと、消《き》えずに残《のこ》る。

文字《もじ》・音声《おんせい》

(2) 次《つぎ》の㋐〜㋔は、話《はな》し言葉《ことば》と書《か》き言葉《ことば》の、どちらの特徴《とくちょう》にあてはまりますか。記号《きごう》で答《こた》えましょう。

話《はな》し言葉《ことば》　㋐　㋑　㋓

書《か》き言葉《ことば》　㋒　㋔

㋐ 声《こえ》の大《おお》きさや上《あ》げ下《さ》げ、間《ま》の取《と》り方《かた》などで、自分《じぶん》の気持《きも》ちを表《あらわ》すことができる。

㋑ 相手《あいて》に応《おう》じて、敬語《けいご》を使《つか》ったり、方言《ほうげん》と共通語《きょうつうご》のどちらかにしたりなど、言葉《ことば》づかいを選《えら》ぶ必要《ひつよう》がある。

㋒ だれにでも分《わ》かるように、共通語《きょうつうご》で示《しめ》し、語順《ごじゅん》や構成《こうせい》を整《ととの》える。

㋓ その場《ば》に相手《あいて》がいることが多《おお》いので、言《い》いまちがいをすぐ直《なお》せる。

㋔ 手元《てもと》をはなれると書《か》き直《なお》せないため、主語《しゅご》を明《あき》らかにしたり、誤字《ごじ》がないようにしたりする必要《ひつよう》がある。

33 頁

たのしみは

名前

● 次《つぎ》の短歌《たんか》と文章《ぶんしょう》を二回《にかい》読《よ》んで、答《こた》えましょう。

橘《たちばな》曙覧《あけみ》は、次《つぎ》のような歌《うた》を作《つく》っています。

あ たのしみは／妻子《めこ》むつまじく／うちつどひ《(い)》／頭《かしら》ならべて／物《もの》をくふ《(う)》時《とき》

私《わたし》が楽《たの》しみとするのは、妻《つま》や子《こ》どもたちと仲《なか》よく集《あつ》まり、並《なら》んでいっしょに何《なに》かを食《た》べるときだ。

い たのしみは／朝《あさ》おきいでて／昨日《きのう》まで／無《な》かりし花《はな》の／咲《さ》ける見《み》る時《とき》

私《わたし》が楽《たの》しみとするのは、朝起《あさお》きて庭《にわ》に目《め》をやると、昨日《きのう》までは咲《さ》いていなかった花《はな》が美《うつく》しく咲《さ》いているのを見《み》るときだ。

（令和二年度版　光村図書　国語六　創造「たのしみは」による）

(1) 五《ご》・七《しち》・五《ご》・七《しち》・七《しち》のリズムで読《よ》めるように、あといの二《ふた》つの短歌《たんか》を／線《せん》で区切《くぎ》りましょう。

(2) 次《つぎ》の文《ぶん》は、あといの二《ふた》つの短歌《たんか》に共通《きょうつう》することを、説明《せつめい》するものです。□にあてはまる言葉《ことば》を短歌《たんか》の中《なか》から書《か》き出《だ》しましょう。

歌人《かじん》の橘《たちばな》曙覧《あけみ》は、日常《にちじょう》の暮《く》らしの中《なか》に楽《たの》しみや喜《よろこ》びを見《み》いだして、「たのしみは」で始《はじ》まり、「時」で結《むす》ぶ短歌《たんか》に表《あらわ》しています。

(3) 次《つぎ》の①、②は、あ、いのどちらの短歌《たんか》で伝《つた》えている楽《たの》しみですか。記号《きごう》で答《こた》えましょう。

① 朝起《あさお》きた時《とき》。　い

② 家族《かぞく》が集《あつ》まって、何《なに》かを食《た》べる時《とき》。　あ

(4) あの短歌《たんか》で「仲《なか》がよい」ことを何《なん》と表《あらわ》していますか。短歌《たんか》の中《なか》の五文字《ごもじ》の言葉《ことば》で書《か》き出《だ》しましょう。

むつまじく

34 頁

文《ぶん》の組《く》み立《た》て (1)

名前

教科書《きょうかしょ》の「文《ぶん》の組《く》み立《た》て」を読《よ》んで、答《こた》えましょう。

(1) 日本語《にほんご》の文《ぶん》には、自由《じゆう》に語順《ごじゅん》を決《き》められるところと、ふつうは定《さだ》まっているところがあります。書《か》き言葉《ことば》の場合《ばあい》、ふつう文末《ぶんまつ》に置《お》かれるのは、次《つぎ》のどれですか。一《ひと》つに○をつけましょう。

（　）主語《しゅご》
（○）述語《じゅつご》
（　）修飾語《しゅうしょくご》

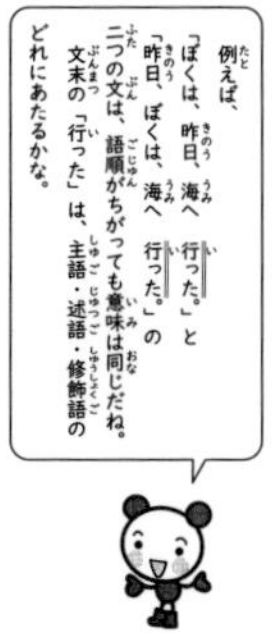

(2) 次《つぎ》の㋐、㋑の文《ぶん》には、図《ず》で示《しめ》したように主語《しゅご》と述語《じゅつご》の関係《かんけい》がそれぞれ二《ふた》つあります。この二《ふた》つの文《ぶん》を見《み》て、問《と》いに答《こた》えましょう。

㋐ つぼみが（主語《しゅご》）　ふくらみ、（述語《じゅつご》）　花《はな》が（主語《しゅご》）　さく。（述語《じゅつご》）

㋑ わたしが（主語《しゅご》）　育《そだ》てた（述語《じゅつご》）　花《はな》が（主語《しゅご》）　さいた。（述語《じゅつご》）

① 「二組《ふたくみ》の主語《しゅご》と述語《じゅつご》の関係《かんけい》が、対等《たいとう》に並《なら》んでいるもの」は、㋐、㋑のどちらですか。記号《きごう》で答《こた》えましょう。

㋐

② ㋑の文《ぶん》は、「二組《ふたくみ》の主語《しゅご》と述語《じゅつご》の関係《かんけい》があるが、どちらかが文《ぶん》の中心《ちゅうしん》になっているもの」です。文《ぶん》の中心《ちゅうしん》となっているほうに○をつけましょう。

（　）わたしが　育《そだ》てた
（○）花《はな》が　さいた

35 頁

文《ぶん》の組《く》み立《た》て (2)

名前

● 次《つぎ》の文《ぶん》には、主語《しゅご》と述語《じゅつご》の関係《かんけい》が二《ふた》つあります。〈例《れい》〉にならって、主語《しゅご》には──線《せん》を、述語《じゅつご》には═線《せん》を引《ひ》き、その関係《かんけい》を矢印《やじるし》で示《しめ》しましょう。

〈例《れい》〉

㋐ 風《かぜ》が　ふき、　雨《あめ》が　降《ふ》る。

㋑ ぼくが　きのう　読《よ》んだ　本《ほん》は　とても　おもしろい。

① 春《はる》が　きて、　花《はな》が　さく。

② わたしが　育てた　魚は　めだかだ。

③ のりが　なかった　うえに、　テープも　なかった。

④ 広《ひろ》い　公園が　完成し、　ぼくたちは　喜んだ。

⑤ みんなが　乗った　バスが　目的地《もくてきち》に　着いた。

⑥ 祖父が　ぼくに　くれた　プレゼントは　野球《やきゅう》の　グローブだった。

本書の解答は，あくまでもひとつの例です。児童に取り組ませる前に，必ず指導される方が問題を解いてください。指導される方の作られた解答をもとに，児童の多様な考えに寄り添って○つけをお願いします。

36頁

文《ぶん》の組《く》み立《た》て　(3)

名前

(1) 次《つぎ》の文《ぶん》を読《よ》み、問題《もんだい》に答《こた》えましょう。

わたしが　飼《か》っている　犬《いぬ》が　赤《あか》ちゃんを　産《う》んだ。

① ——線《せん》を引《ひ》いた「犬《いぬ》が」を修飾《しゅうしょく》する言葉《ことば》を書《か》き出《だ》しましょう。

わたしが飼っている

② 「犬《いぬ》が」の述語《じゅつご》を書《か》きましょう。

産んだ

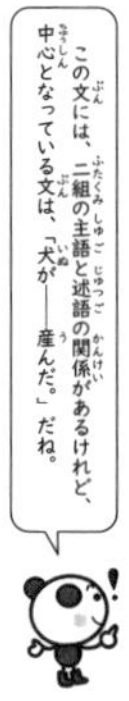

(2) 次《つぎ》の——線《せん》を引《ひ》いた言葉《ことば》を修飾《しゅうしょく》する言葉《ことば》を書《か》き出《だ》しましょう。また、——線《せん》の言葉《ことば》の述語《じゅつご》を書《か》きましょう。

① 母《はは》が　くれた　ももは　とても　おいしかった。

〈修飾《しゅうしょく》する言葉《ことば》〉 母がくれた

〈述語《じゅつご》〉 おいしかった

② ぼくが　見《み》つけた　鳥《とり》が　木《き》の枝《えだ》に　止《と》まった。

〈修飾《しゅうしょく》する言葉《ことば》〉 ぼくが見つけた

〈述語《じゅつご》〉 止まった

37頁

文《ぶん》の組《く》み立《た》て　(4)

名前

(1) 次《つぎ》の文《ぶん》を読《よ》み、問題《もんだい》に答《こた》えましょう。

わたしが　飲《の》んでいる　お茶《ちゃ》は　とても　冷《つめ》たい。

① ——線《せん》の述語《じゅつご》に対《たい》する主語《しゅご》を書《か》きましょう。

お茶は

② 「お茶《ちゃ》は」を修飾《しゅうしょく》する言葉《ことば》を書《か》き出《だ》しましょう。

わたしが飲んでいる

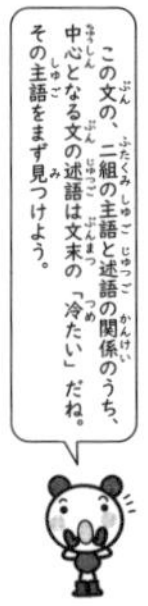

(2) 次《つぎ》の——線《せん》を引《ひ》いた言葉《ことば》の主語《しゅご》を書《か》きましょう。また、その主語《しゅご》を修飾《しゅうしょく》する言葉《ことば》を書《か》き出《だ》しましょう。

① 友達《ともだち》が　くれた　金魚《きんぎょ》が　水《すい》そうを　泳《およ》ぐ。

〈主語《しゅご》〉 金魚が

〈修飾《しゅうしょく》する言葉《ことば》〉 友達がくれた

② 父《ちち》が　買《か》ってきた　人形《にんぎょう》は　妹《いもうと》の　たから物《もの》だ。

〈主語《しゅご》〉 人形は

〈修飾《しゅうしょく》する言葉《ことば》〉 父が買ってきた

38頁

文《ぶん》の組《く》み立《た》て　(5)

名前

(1) 次《つぎ》の文《ぶん》を読《よ》み、問題《もんだい》に答《こた》えましょう。

母《はは》が　運転《うんてん》する　車《くるま》が　駅《えき》へ　向《む》かった。

① この文《ぶん》には、二組《ふたくみ》の主語《しゅご》と述語《じゅつご》があります。そのうち、中心《ちゅうしん》となる文《ぶん》の主語《しゅご》と述語《じゅつご》を書《か》きましょう。

〈主語《しゅご》〉 車が

〈述語《じゅつご》〉 向かった

② ①の主語《しゅご》「車《くるま》が」を修飾《しゅうしょく》する言葉《ことば》を書《か》き出《だ》しましょう。

母が運転する

③ もとの文《ぶん》を、二《ふた》つの短《みじか》い文《ぶん》に書《か》き直《なお》します。（　）にあてはまる言葉《ことば》を書《か》きましょう。

↓

母《はは》が（　車を　）運転《うんてん》する。

（　その車が　）駅《えき》へ向《む》かった。

(2) 次《つぎ》の文《ぶん》を二《ふた》つの文《ぶん》に書《か》き直《なお》します。（　）にあてはまる言葉《ことば》を書《か》きましょう。

ぼくが　借《か》りた　本《ほん》は　植物《しょくぶつ》図《ず》かんだ。

↓

ぼくが（　本を　）借《か》りた。

（　その本は　）植物《しょくぶつ》図《ず》かんだ。

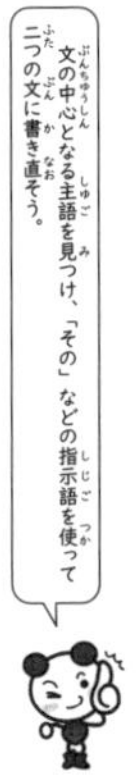

39頁

文《ぶん》の組《く》み立《た》て　(6)

名前

● 次《つぎ》の文《ぶん》を、〈例《れい》〉にならって二《ふた》つの短《みじか》い文《ぶん》に書《か》き直《なお》しましょう。

〈例《れい》〉 父《ちち》が　乗《の》った　電車《でんしゃ》が　駅《えき》に　着《つ》いた。

↓

父《ちち》が電車《でんしゃ》に乗《の》る。

その電車《でんしゃ》が駅《えき》に着《つ》いた。

① ぼくが　かいた　絵《え》が　コンクールに　入選《にゅうせん》した。

↓(例)

ぼくが絵をかいた。

その絵がコンクールに入選した。

② おばあちゃんが　送《おく》ってくれた　みかんは　とても　おいしかった。

↓(例)

おばあちゃんがみかんを送ってくれた。

そのみかんはとてもおいしかった。

本書の解答は，あくまでもひとつの例です。児童に取り組ませる前に，必ず指導される方が問題を解いてください。指導される方の作られた解答をもとに，児童の多様な考えに寄り添って○つけをお願いします。

40頁

文《ぶん》の組《く》み立《た》て (7)

名前

(1) 次《つぎ》の文《ぶん》を読《よ》み、問題《もんだい》に答《こた》えましょう。

妹《いもうと》が 見《み》つけた ちょうを ぼくが つかまえた。

① この文《ぶん》には、二組《ふたくみ》の主語《しゅご》と述語《じゅつご》があります。そのうち、中心《ちゅうしん》となる文《ぶん》の主語《しゅご》と述語《じゅつご》を書《か》きましょう。

〈主語《しゅご》〉 ぼくが

〈述語《じゅつご》〉 つかまえた

② 何《なに》を、ぼくがつかまえたのですか。

妹《いもうと》が見《み》つけた（ちょう）

③ もとの文《ぶん》を、二《ふた》つの短《みじか》い文《ぶん》に書《か》き直《なお》します。（ ）にあてはまる言葉《ことば》を書《か》きましょう。

妹《いもうと》が（ちょうを）見《み》つけた。

（そのちょうを）ぼくがつかまえた。

(2) 次《つぎ》の文《ぶん》を二《ふた》つの文《ぶん》に書《か》き直《なお》します。（ ）にあてはまる言葉《ことば》を書《か》きましょう。

弟《おとうと》が つった 魚《さかな》を 母《はは》が 調理《ちょうり》した。

弟《おとうと》が（魚を）つった。

（その魚を）母《はは》が調理《ちょうり》した。

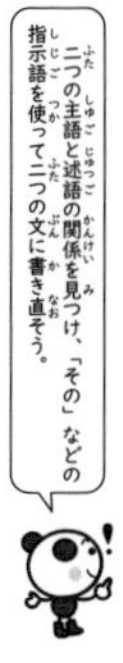

41頁

文《ぶん》の組《く》み立《た》て (8)

名前

● 次《つぎ》の文《ぶん》を、〈例《れい》〉にならって二《ふた》つの短《みじか》い文《ぶん》に書《か》き直《なお》しましょう。

〈例《れい》〉 わたしが 買《か》った 本《ほん》を 妹《いもうと》が 読《よ》んでいる。

わたしが本《ほん》を買《か》った。

その本《ほん》を妹《いもうと》が読《よ》んでいる。

① 姉《あね》が 毎週日曜日《まいしゅうにちようび》に 作《つく》る 料理《りょうり》を 家族《かぞく》は 楽《たの》しみに している。

(例)

姉が毎週日曜日に料理を作る。

その料理を家族は楽しみにしている。

② 有名《ゆうめい》な まんが家《か》が 出《だ》した 新作《しんさく》を 読《よ》んだ 兄《あに》が 感想《かんそう》を 言《い》う。

(例)

有名なまんが家が新作を出した。

その新作を読んだ兄が感想を言う。

42頁

天地《てんち》の文《ふみ》

名前

● 教科書《きょうかしょ》の「天地《てんち》の文《ふみ》」の文章《ぶんしょう》を二回音読《にかいおんどく》し、意味《いみ》の文《ぶん》も読《よ》んで、答《こた》えましょう。

1

〈もとの文《ぶん》〉

天地日月《てんちじつげつ》。東西南北《とうざいなんぼく》。きたを背《せ》に南《みなみ》に向《む》かひて右《みぎ》と左《ひだり》に指《ゆび》させば、ひだりは東《ひがし》、みぎはにし。

〈意味《いみ》の文《ぶん》〉

㋐天《てん》と地《ち》、そして太陽《たいよう》と月《つき》。東西南北《とうざいなんぼく》。北《きた》を背《せ》にして南《みなみ》に向《む》かって右《みぎ》と左《ひだり》を指《ゆび》さすと、左《ひだり》は東《ひがし》、右《みぎ》は西《にし》である。

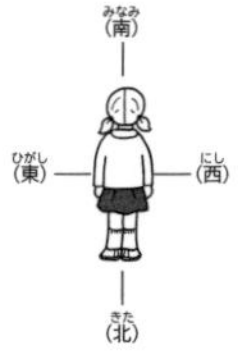

2

〈もとの文《ぶん》〉

㋑日輪《にちりん》、朝《あさ》は東《ひがし》より次第《しだい》にのぼり、暮《く》れはまたにしに没《ぼっ》して、夜《よる》くらし。

〈意味《いみ》の文《ぶん》〉

太陽《たいよう》は、朝《あさ》は東《ひがし》からしだいにのぼり、暮《く》れには西《にし》にしずんで、夜《よる》は暗《くら》くなる。

（令和二年度版　光村図書　国語六　創造　福澤《ふくざわ》　諭吉《ゆきち》「天地の文」による）

1

(1) ㋐天《てん》と地《ち》、そして太陽《たいよう》と月《つき》のことを、〈もとの文《ぶん》〉では、何《なん》と書《か》いてありますか。四文字《よんもじ》で書《か》き出《だ》しましょう。

天地日月

(2) 上《うえ》の文章《ぶんしょう》で、どんなことを説明《せつめい》していますか。○をつけましょう。

（　）太陽《たいよう》と月《つき》が見《み》える方角《ほうがく》。

（○）東西南北《とうざいなんぼく》の方角《ほうがく》のたしかめ方《かた》。

(3) 北《きた》を背《せ》にして南《みなみ》に向《む》かって右《みぎ》を指《ゆび》さすと、どの方角《ほうがく》になるといっていますか。漢字一文字《かんじひともじ》で答《こた》えましょう。

西

2

(1) ㋑日輪《にちりん》とは、何《なに》を意味《いみ》しますか。(意味《いみ》の文《ぶん》)から、二文字《にもじ》で書《か》き出《だ》しましょう。

太陽

(2) 上《うえ》の文章《ぶんしょう》で、どんなことを説明《せつめい》していますか。一《ひと》つに○をつけましょう。

（　）車《くるま》の車輪《しゃりん》の動《うご》き。

（○）太陽《たいよう》の動《うご》き。

（　）月《つき》の動《うご》き。

43頁

情報《じょうほう》 情報《じょうほう》と情報《じょうほう》をつなげて伝《つた》えるとき

名前

教科書《きょうかしょ》の「情報《じょうほう》と情報《じょうほう》をつなげて伝《つた》えるとき」を読《よ》んで、答《こた》えましょう。

● 次《つぎ》の文章《ぶんしょう》を二回《にかい》読《よ》んで、答《こた》えましょう。

岩崎《いわさき》さんは、報告書《ほうこくしょ》を書《か》き直《なお》すことにし、1の文章《ぶんしょう》を書《か》きました。

1

ブラジルは、農業《のうぎょう》がさかんな国《くに》で、アグロフォレストリーという農法《のうほう》が積極的《せっきょくてき》に行《おこな》われている。㋐

この農法《のうほう》では、いろいろな樹木《じゅもく》や作物《さくもつ》を育《そだ》てている。㋑

これに関連《かんれん》して、岩崎《いわさき》さんが集《あつ》めた情報《じょうほう》には、次《つぎ》の①②があります。

① アグロフォレストリーとは

生育期間《せいいくきかん》が異《こと》なる樹木《じゅもく》や作物《さくもつ》を、同《おな》じ土地《とち》で同時《どうじ》に育《そだ》てる農法《のうほう》。

（中略《ちゅうりゃく》）

② アグロフォレストリーで育《そだ》てているもの

・こしょう（収穫《しゅうかく》まで一《いち》、二年《にねん》。数年間収穫《すうねんかんしゅうかく》できる。）

・果物《くだもの》（収穫《しゅうかく》まで数年《すうねん》。その後長《ごなが》く収穫《しゅうかく》できる。）

（令和二年度版　光村図書　国語六　創造　「情報と情報をつなげて伝えるとき」による）

(1) ㋐の部分《ぶぶん》に、①の情報《じょうほう》を加《くわ》え、次《つぎ》のように書《か》き直《なお》しました。｛ ｝の中《なか》で、あてはまる方《ほう》の言葉《ことば》を○で囲《かこ》みましょう。

ブラジルは、農業《のうぎょう》がさかんな国《くに》で、アグロフォレストリー｛(とは)／には｝、生育期間《せいいくきかん》が異《こと》なる樹木《じゅもく》や作物《さくもつ》を、同《おな》じ土地《とち》で育《そだ》てる農法《のうほう》｛がある／(のことである)｝。

(2) ㋑の部分《ぶぶん》に、②の情報《じょうほう》を加《くわ》え、次《つぎ》のように書《か》き直《なお》しました。｛ ｝の中《なか》で、あてはまる方《ほう》の言葉《ことば》を○で囲《かこ》みましょう。

この農法《のうほう》では、いろいろな樹木《じゅもく》や作物《さくもつ》を育《そだ》てている。｛このように／(たとえば)｝、収穫《しゅうかく》まで一《いち》、二年《にねん》で、数年間収穫《すうねんかんしゅうかく》できる「こしょう」や、収穫《しゅうかく》まで数年《すうねん》かかるが、その後長《ごなが》く収穫《しゅうかく》できる「果物《くだもの》」｛(などがある)／だからである｝。

44頁

私《わたし》たちにできること

名前

教科書《きょうかしょ》の「私《わたし》たちにできること」の全文《ぜんぶん》を読《よ》んだ後《あと》、答《こた》えましょう。

● 次《つぎ》の、「節電《せつでん》をして、環境《かんきょう》にやさしい学校《がっこう》へ」という、提案《ていあん》する文章《ぶんしょう》の一部《いちぶ》を読《よ》んで、問題《もんだい》に答《こた》えましょう。

2. 提案《ていあん》

(1) 節電情報《せつでんじょうほう》コーナーの設置《せっち》

① 電気《でんき》の大切《たいせつ》さに対《たい》する理解《りかい》を深《ふか》めるために，1階《かい》の昇降口《しょうこうぐち》に節電情報《せつでんじょうほう》コーナーを設《もう》けることを提案《ていあん》する。このコーナーでは，模造紙《もぞうし》などに，節電《せつでん》に関《かん》する情報《じょうほう》㋐をまとめてけいじしたい。

② これは，1年生《ねんせい》から6年生《ねんせい》までのみんなが，納得《なっとく》して節電《せつでん》に取《と》り組《く》めるようにしたいという理由《りゆう》からだ。

③ 具体的《ぐたいてき》には，次《つぎ》のような内容《ないよう》をけいじすることを考《かんが》えている。

・電気《でんき》の使用《しよう》と，環境《かんきょう》へのえいきょう

・学校《がっこう》の，月《つき》ごとの電力使用料《でんりょくしようりょう》(グラフで示《しめ》す)

・学校《がっこう》や家庭《かてい》でできる節電《せつでん》の取《と》り組《く》み

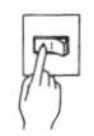

※具体的《ぐたいてき》には…実際《じっさい》にすることとして。

(令和二年度版　光村図書　国語六　創造　「私たちにできること」による)

(1) この文章《ぶんしょう》で提案《ていあん》していることは、どんなことですか。

〔1階《かい》の昇降口《しょうこうぐち》に **節電情報コーナーを設ける** こと。〕

(2) (1)の提案《ていあん》をした理由《りゆう》は、①〜③段落《だんらく》のうち、どの段落《だんらく》に書《か》かれていますか。記号《きごう》で答《こた》えましょう。

②

(3) ㋐節電《せつでん》に関《かん》する情報《じょうほう》の内容《ないよう》として、具体的《ぐたいてき》にいくつ挙《あ》げていますか。○をつけましょう。

(　) 二《ふた》つ

(○) 三《みっ》つ

(4) ㋐節電《せつでん》に関《かん》する情報《じょうほう》の具体的《ぐたいてき》な内容《ないよう》のうち、グラフで示《しめ》してけいじすることを考《かんが》えているのは、どんな内容《ないよう》ですか。

〔**学校の、月ごとの電力使用料**〕

45頁

季節《きせつ》の言葉《ことば》2 夏《なつ》のさかり (1)

名前

教科書《きょうかしょ》の「季節《きせつ》の言葉《ことば》2　夏《なつ》のさかり」を読《よ》んで、答《こた》えましょう。

(1) 次《つぎ》の二十四節気《にじゅうしせっき》の言葉《ことば》の読《よ》み方《かた》を、□から選《えら》んで（　）に書《か》きましょう。また、その言葉《ことば》にあう説明《せつめい》を下《した》から選《えら》んで——線《せん》で結《むす》びましょう。

① 立夏（**りっか**）— こよみのうえで、夏《なつ》が始《はじ》まる日《ひ》。(五月六日《ごがつむいか》ごろ)

② 夏至（**げし**）— 一年《いちねん》の中《なか》で、昼《ひる》が最《もっと》も長《なが》く、夜《よる》が最《もっと》も短《みじか》い日《ひ》。(六月二十一日《ろくがつにじゅういちにち》ごろ)

③ 大暑（**たいしょ**）— 晴《は》れた日《ひ》が続《つづ》き、一年《いちねん》のうちで暑《あつ》さが最《もっと》もきびしいころ。(七月二十三日《しちがつにじゅうさんにち》ごろ)

げし ・ たいしょ ・ りっか

(2) 次《つぎ》の短歌《たんか》を二回音読《にかいおんどく》して、答《こた》えましょう。

めざましき／若葉《わかば》の色《いろ》の／日《ひ》のいろの／揺《ゆ》れを静《しず》かに／たのしみにけり　島木《しまき》 赤彦《あかひこ》

※めざましき…目《め》が覚《さ》めるような。

(令和二年度版　光村図書　国語六　創造　「季節の言葉2　夏のさかり」による)

① 五《ご》・七《しち》・五《ご》・七《しち》・七《しち》のリズムで読《よ》めるように、上《うえ》の短歌《たんか》を／線《せん》で区切《くぎ》りましょう。

② 上《うえ》の短歌《たんか》で、作者《さくしゃ》はどんな様子《ようす》の葉《は》を見《み》て楽《たの》しんでいると考《かんが》えられますか。○をつけましょう。

(○) 緑《みどり》のあざやかな葉《は》が、日《ひ》の光《ひかり》の中《なか》でゆれている様子《ようす》。

(　) 太陽《たいよう》のように赤《あか》くなった葉《は》が、風《かぜ》にゆれて落《お》ちていく様子《ようす》。

46頁

季節《きせつ》の言葉《ことば》2 夏《なつ》のさかり (2)

名前

● 次《つぎ》の俳句《はいく》を二回音読《にかいおんどく》して、答《こた》えましょう。

1

短夜《みじかよ》や／あすの教科書《きょうかしょ》／揃《そろ》(え)へ寝《ね》る　日野《ひの》 草城《そうじょう》

2

くず餅《もち》の／きな粉《こ》しめりし／大暑《たいしょ》かな　鈴木《すずき》 真砂女《まさじょ》

※しめる…しめりけがある。
※大暑《たいしょ》…晴《は》れた日《ひ》がつづき、一年《いちねん》のうちで暑《あつ》さが最《もっと》もきびしいころ。(七月二十三日《しちがつにじゅうさんにち》ごろ)

(令和二年度版　光村図書　国語六　創造　「季節の言葉2　夏のさかり」による)

1

(1) 五《ご》・七《しち》・五《ご》のリズムで読《よ》めるように、上《うえ》の俳句《はいく》を／線《せん》で区切《くぎ》りましょう。

(2) 上《うえ》の俳句《はいく》から、夏《なつ》を表《あらわ》す季語《きご》を書《か》き出《だ》しましょう。

〔**短夜**〕

(3) 「短夜《みじかよ》」とは、どのような夜《よる》のことですか。○をつけましょう。

(○) 夜明《よあ》けの早《はや》い夜《よる》。

(　) なかなか明《あ》けない夜《よる》。

2

(1) 五《ご》・七《しち》・五《ご》のリズムで読《よ》めるように、上《うえ》の俳句《はいく》を／線《せん》で区切《くぎ》りましょう。

(2) 上《うえ》の俳句《はいく》から、夏《なつ》を表《あらわ》す季語《きご》を書《か》き出《だ》しましょう。

〔**大暑**〕

(3) きな粉《こ》がしめってしまったのは、なぜだと考《かんが》えられますか。○をつけましょう。

(　) 大雨《おおあめ》がふったあとだから。

(○) むしむしと暑《あつ》さがきびしい夏《なつ》の日《ひ》だから。

47頁

本《ほん》は友達《ともだち》 私《わたし》と本《ほん》

名前

教科書《きょうかしょ》の「本《ほん》は友達《ともだち》　私《わたし》と本《ほん》」を読《よ》んで、答《こた》えましょう。

● 次《つぎ》のブックトークの文章《ぶんしょう》を二回《にかい》読《よ》んで、答《こた》えましょう。

①
ぼくは、「自然《しぜん》の力強《ちからづよ》さ」というテーマで、三冊《さんさつ》の本《ほん》をしょうかいします。どの本《ほん》も、ぼくがこれまで出会《であ》ったことのない視点《してん》で自然《しぜん》の様子《ようす》がえがかれていて、心《こころ》を動《うご》かされたものです。

②
一冊目《いっさつめ》は、「森《もり》へ」です。この本《ほん》のみりょくは、なんといっても、森《もり》や生《い》き物《もの》の生命力《せいめいりょく》を写《うつ》し取《と》った写真《しゃしん》の力強《ちからづよ》さです。また、言葉《ことば》にもみりょくがあります。特《とく》に心《こころ》に残《のこ》ったのは、——

…

③
これらのような、新《あら》たな視点《してん》をあたえてくれる本《ほん》は、ぼくに㋐とって、とても大切《たいせつ》なものです。気《き》になる本《ほん》があったら、ぜひ、手《て》に取《と》って開《ひら》いてみてください。

※視点《してん》…物事《ものごと》を見《み》たり考《かんが》えたりするときの、目《め》のつけどころ。

(令和二年度版　光村図書　国語六　創造　「私と本」による)

(1) 「ぼく」は、何《なん》というテーマで着目《ちゃくもく》した本《ほん》をしょうかいしていますか。

〔**自然の力強さ**〕

(2) 上《うえ》の文章《ぶんしょう》の①〜③の部分《ぶぶん》のうち、本《ほん》のみりょくを具体的《ぐたいてき》に伝《つた》えているのは、どの部分《ぶぶん》ですか。記号《きごう》で答《こた》えましょう。

②

(3) 「ぼく」は、「森《もり》へ」という本《ほん》のみりょくとして、何《なに》をしょうかいしていますか。二《ふた》つに○をつけましょう。

(　) 森《もり》や生《い》き物《もの》をえがいた絵《え》。

(○) 写真《しゃしん》の力強《ちからづよ》さ。

(○) 言葉《ことば》。

(4) どのような本《ほん》が、ぼくにとって、とても大切《たいせつ》なものだと言《い》っていますか。③の部分《ぶぶん》の文中《ぶんちゅう》から書《か》き出《だ》しましょう。

〔**新たな視点をあたえてくれる本**〕

解答例

本書の解答は，あくまでもひとつの例です。児童に取り組ませる前に，必ず指導される方が問題を解いてください。指導される方の作られた解答をもとに，児童の多様な考えに寄り添って○つけをお願いします。

48頁

森《もり》へ (1)

名前

● 教科書《きょうかしょ》の「森《もり》へ」の全文《ぜんぶん》を読《よ》んだ後《あと》、次《つぎ》の文章《ぶんしょう》を二回《にかい》読《よ》んで、答《こた》えましょう。

1

［ここは、南《みなみ》アラスカからカナダにかけて広《ひろ》がる、原生林《げんせいりん》（自然《しぜん》のままの林《はやし》）の世界《せかい》です。］

ふと気《き》がつくと、道《みち》の真《ま》ん中《なか》に、大《おお》きな黒《くろ》いかたまりが落《お》ちていました。なんだろうと思《おも》って近《ちか》づくと、それは、クマの古《ふる》いふんでした。

2

おどろいたことに、そのふんの中《なか》から、白《しろ》いキノコがたくさんのびています。あんまりきれいなので、ぼくは地面《じめん》に体《からだ》をふせ、クマのふんにぐっと顔《かお》を近《ちか》づけてみました。いつか北極圏《ほっきょくけん》のツンドラで見《み》た、古《ふる》い動物《どうぶつ》の骨《ほね》の周《まわ》りにさく花々《はなばな》を思《おも》い出《だ》しました。厳《きび》しい自然《しぜん》では、わずかな栄養分《えいようぶん》もむだにはならないのです。

※ツンドラ…北極海沿岸《ほっきょくかいえんがん》に広《ひろ》がる荒《あ》れ果《は》てた野原《のはら》。寒《さむ》さのために、樹木《じゅもく》が育《そだ》たない。

（令和二年度版　光村図書　国語六　創造　星野《ほしの》　道夫《みちお》）

1

(1) 大《おお》きな黒《くろ》いかたまりは、どこに落《お》ちていましたか。

［道の真ん中］

(2) 落《お》ちていた黒《くろ》いかたまりとは、何《なん》でしたか。

［クマの古いふん］

2

(1) クマのふんの中《なか》から、たくさんのびていたのは、何《なん》でしたか。

［白いキノコ］

(2) 「ぼく」は、北極圏《ほっきょくけん》のツンドラで見《み》た、何《なに》を思《おも》い出《だ》しましたか。○をつけましょう。

（　）クマのふん。

（○）古《ふる》い動物《どうぶつ》の骨《ほね》の周《まわ》りにさく花々《はなばな》。

(3) (1)や(2)を見《み》たことから、「ぼく」はどんな考《かんが》えを思《おも》い起《お》こしましたか。

［厳しい 自然《しぜん》では、わずかな栄養分 もむだにはならないということ。］

49頁

森《もり》へ (2)

名前

● 次《つぎ》の文章《ぶんしょう》を二回《にかい》読《よ》んで、答《こた》えましょう。

1

クマの道《みち》は、しだいに分《わ》かれ道《みち》が多《おお》くなり、いつのまにか、森《もり》の中《なか》に消《き》えてゆくようでした。ときどきは、高《たか》いやぶをかき分《わ》けて進《すす》まなくてはなりません。㋐そんなとき、倒木《とうぼく》は、森《もり》にかかる橋《はし》のように歩《ある》きやすい道《みち》となりました。

※倒木《とうぼく》…たおれた木《き》。

2

倒木《とうぼく》の道《みち》には、ところどころに、アカリスがトウヒの実《み》を食《た》べたからが積《つ》まれています。動物《どうぶつ》たちも、㋑この自然《しぜん》の道《みち》を利用《りよう》しているのです。今度《こんど》は、森《もり》のリスになったような気分《きぶん》で、倒木《とうぼく》の上《うえ》を歩《ある》きました。

※アカリス…カナダやアメリカの林《はやし》にすむ。キチキチと鳴《な》き、木《き》の実《み》やキノコを好《この》む。

※トウヒ…山《やま》に生《は》える松《まつ》の一種《いっしゅ》。幹《みき》は赤褐色《せきかっしょく》で、ひび割《わ》れている。

（令和二年度版　光村図書　国語六　創造　星野《ほしの》　道夫《みちお》）

1

㋐そんなときについて答《こた》えましょう。

① 「そんなとき」とは、どんなときのことですか。○をつけましょう。

（　）分《わ》かれ道《みち》があるとき。

（○）高《たか》いやぶをかき分《わ》けて進《すす》まなくては いけないとき。

② 「そんなとき」、倒木《とうぼく》は、どんなところとなりましたか。

［森にかかる橋 のように歩《ある》きやすい道《みち》。］

2

(1) 倒木《とうぼく》の道《みち》に、ところどころに積《つ》まれているものは、何《なん》ですか。○をつけましょう。

（○）アカリスが食《た》べたトウヒの実《み》のから。

（　）アカリスが集《あつ》めたトウヒの実《み》。

(2) ㋑この自然《しぜん》の道《みち》とは、どんな道《みち》のことですか。○をつけましょう。

（　）森《もり》の中《なか》に人間《にんげん》が作《つく》った道《みち》。

（○）倒木《とうぼく》の道《みち》。

(3) 今度《こんど》は、筆者《ひっしゃ》は、どんな気分《きぶん》で倒木《とうぼく》の上《うえ》を歩《ある》きましたか。

［森のリスになったような気分。］

50頁

森《もり》へ (3)

名前

● 次《つぎ》の文章《ぶんしょう》を二回《にかい》読《よ》んで、答《こた》えましょう。

1

水《みず》の音《おと》が聞《き》こえてきました。しばらくすると、視界《しかい》が開《ひら》け、森《もり》の中《なか》を流《なが》れる川《かわ》に出《で》ました。岸《きし》に立《た》つと、水《みず》の流《なが》れは、川底《かわぞこ》の岩《いわ》の色《いろ》なのか、黒《くろ》くしずんで見《み》えました。

※視界《しかい》が開《ひら》ける…広《ひろ》く見《み》わたせるようになる。

2

水《みず》を飲《の》もうと水面《すいめん》に顔《かお》を近《ちか》づけ、㋐びっくりしてしまいました。川底《かわぞこ》の色《いろ》だと思《おも》ったのは、産卵《さんらん》のために川《かわ》を上《のぼ》るサケの大群《たいぐん》だったのです。ぼくは、はだしになって川《かわ》に入《はい》りました。静《しず》かに手《て》を水《みず》の中《なか》に入《い》れ、やっと一《いっ》ぴきのサケをつかむと、㋑ああ、なんと強《つよ》い力《ちから》をもっているのでしょう。ばねのように身《み》を大《おお》きく曲《ま》げながら、はじけるように、ぼくの手《て》から飛《と》びぬけてゆくのです。もうおもしろくてたまりません。ぼくは、ずぶぬれになりながら、何度《なんど》も同《おな》じことをくり返《かえ》しました。

※産卵《さんらん》…卵《たまご》を産《う》むこと。

（令和二年度版　光村図書　国語六　創造　星野《ほしの》　道夫《みちお》）

1

(1) しばらくすると、どこに出《で》ましたか。

［川（森の中を流れる）］

(2) 川《かわ》の岸《きし》に立《た》つと、水《みず》の流《なが》れは、どう見《み》えましたか。

［黒くしずんで 見《み》えた。］

2

(1) 水《みず》を飲《の》もうとして、㋐びっくりしたのは、なぜですか。

［川底の色 だと思《おも》ったのは、産卵のために川を上るサケの大群 だったから。］

(2) ㋑ああ、なんと強《つよ》い力《ちから》をもっているのでしょう。について答《こた》えましょう。

① 「強《つよ》い力《ちから》」をもっていたのは、何《なん》ですか。

［一ぴきのサケ］

② サケは、「強《つよ》い力《ちから》」でどうしましたか。○をつけましょう。

（○）「ぼく」の手《て》から飛《と》びぬけていった。

（　）「ぼく」の体《からだ》にぶつかってきた。

51頁

森《もり》へ (4)

名前

● 次《つぎ》の文章《ぶんしょう》を二回《にかい》読《よ》んで、答《こた》えましょう。

1

ふっと前《まえ》を見《み》ると、対岸《たいがん》の岩《いわ》の上《うえ》から、クロクマの親子《おやこ》が、じっとぼくを見《み》ているではないですか。ぼくは、あわてて岸《きし》をかけ上《あ》がりました。すると、なんてことでしょう。川《かわ》の上流《じょうりゅう》にも下流《かりゅう》にも、いつのまにか、クマがあちこちにいるのです。今《いま》、㋐この森《もり》の川《かわ》は、サケを食《た》べに来《く》るクマの世界《せかい》でした。見上《みあ》げれば、子《こ》グマが木《き》の上《うえ》でねています。どうして今《いま》まで気《き》がつかなかったのだろう。

※クロクマ…ここでは、アメリカグマのこと。

2

すでに一生《いっしょう》を終《お》えたサケが、たくさん流《なが》れてきています。㋑「サケが森《もり》を作《つく》る。」アラスカの森《もり》に生《い》きる人《ひと》たちの古《ふる》いことわざです。産卵《さんらん》を終《お》えて死《し》んだ無数《むすう》のサケが、上流《じょうりゅう》から下流《かりゅう》へと流《なが》されながら、森《もり》の自然《しぜん》に栄養《えいよう》をあたえてゆくからなのです。

（令和二年度版　光村図書　国語六　創造　星野《ほしの》　道夫《みちお》）

1

(1) 対岸《たいがん》の岩《いわ》の上《うえ》から、じっと「ぼく」を見《み》ていたのは、何《なん》ですか。

［クロクマの親子］

(2) クロクマの親子《おやこ》に気《き》がついた「ぼく」は、どうしましたか。文中《ぶんちゅう》から一文《いちぶん》で書《か》き出《だ》しましょう。

［ぼくは、あわてて岸をかけ上がりました。］

(3) 今《いま》、㋐森《もり》の川《かわ》は、どんな世界《せかい》でしたか。

［クマの世界（サケを食べに来る）］

2

(1) ㋑「サケが森《もり》を作《つく》る。」とは、どのような言葉《ことば》ですか。○をつけましょう。

（　）「ぼく」がクマに言《い》った言葉《ことば》。

（○）アラスカの森《もり》に伝《つた》わる古《ふる》いことわざ。

(2) ㋑「サケが森《もり》を作《つく》る。」とは、死《し》んだ無数《むすう》のサケが、川《かわ》を流《なが》されながら、どうしてゆくことを表《あらわ》していますか。

［森の自然に栄養をあたえて ゆくこと。］

52頁

森《もり》へ (5)

名前

● 次《つぎ》の文章《ぶんしょう》を二回読《にかいよ》んで、答《こた》えましょう。

1

ぼくは、川《かわ》をそっとはなれ、
再《ふたた》び森《もり》の中《なか》に入《はい》ってゆきました。
㋐不思議《ふしぎ》な光景《こうけい》に出会《であ》いました。
地面《じめん》に横《よこ》たわる古《ふる》い倒木《とうぼく》の上《うえ》から、
巨木《きょぼく》が一列《いちれつ》に並《なら》んで
のびているのです。
それは、きっと
㋑こんな物語《ものがたり》が
あったのでしょう。

※光景《こうけい》…その場《ば》から見《み》える景色《けしき》。

2

昔《むかし》、一本《いっぽん》のトウヒの木《き》が年老《としお》いてたおれました。その木《き》は死《し》んでしまいましたが、まだ、たくさんの栄養《えいよう》をもっていました。長《なが》い年月《ねんげつ》の間《あいだ》に、その幹《みき》の上《うえ》に落《お》ちた幸運《こううん》なトウヒの種子《しゅし》たちがいました。そこに根《ね》を下《お》ろした種子《しゅし》たちは、倒木《とうぼく》の栄養《えいよう》をもらいながら、さらに気《き》の遠《とお》くなるような時間《じかん》の中《なか》で、ゆっくりと大木《たいぼく》に成長《せいちょう》していったのです。つまり、年老《としお》いて死《し》んでしまった倒木《とうぼく》が、新《あたら》しい木々《きぎ》を育《そだ》てたのです。

※気《き》の遠《とお》くなるような時間《じかん》…とても長《なが》い時間《じかん》。

（令和二年度版　光村図書　国語六　創造　星野《ほしの》　道夫《みちお》）

1

(1) 「ぼく」は、再《ふたた》びどこに入《はい》ってゆきましたか。

森の中

(2) ㋐不思議《ふしぎ》な光景《こうけい》とは、どんな様子《ようす》のことですか。（習《なら》っていない漢字《かんじ》は、ひらがなで書《か》きましょう。）

地面に横たわる古い、とう木の上から、巨木が一列に並んでのびている様子《ようす》。

2

1の文章《ぶんしょう》に㋑こんな物語《ものがたり》とありますが、どんな物語《ものがたり》なのかが2の文章《ぶんしょう》に書《か》かれています。次の①〜④は、「物語《ものがたり》」を順《じゅん》にまとめたものです。（　）にあてはまる言葉《ことば》を□から選《えら》んで書《か》きましょう。

① 年老《としお》いたトウヒの（木）がたおれて死《し》ぬ。
② たおれたトウヒの幹《みき》の上《うえ》に、トウヒの（種子）たちが落《お》ちる。
③ トウヒの種子《しゅし》が、たおれたトウヒの木《き》の幹《みき》の上《うえ》に（根）を下《お》ろす。
④ トウヒの種子《しゅし》は、倒木《とうぼく》の（栄養）をもらいながら、大木《たいぼく》に成長《せいちょう》する。

木《き》・根《ね》・種子《しゅし》・栄養《えいよう》

53頁

森《もり》へ (6)

名前

● 次《つぎ》の文章《ぶんしょう》を二回読《にかいよ》んで、答《こた》えましょう。

1

［年老《としお》いて死《し》んでしまった倒木《とうぼく》は、まだたくさんの栄養《えいよう》をもっていて、新《あたら》しい木々《きぎ》を育《そだ》てたのです。］

㋐それでやっと分《わ》かりました。
森《もり》の中《なか》でときどき見《み》かけた、根《ね》が
足《あし》のように生《は》えた不思議《ふしぎ》な姿《すがた》の
木《き》のことです。その根《ね》の間《あいだ》に
空《あ》いていた穴《あな》、
それは、栄養《えいよう》を
あたえつくして
消《き》えた倒木《とうぼく》の
あとだったのです。

2

㋑目《め》の前《まえ》の倒木《とうぼく》は、たくさんの大木《たいぼく》の根《ね》にからまれ、今《いま》なお栄養《えいよう》をあたえ続《つづ》けているようです。が、いつかはすっかり消《き》えてゆくのです。ぼくはこけむした倒木《とうぼく》にすわり、そっと幹《みき》をなでてみました。

森《もり》のこわさは、㋒すっかり消《き》えていました。じっと見《み》つめ、耳《みみ》をすませば、森《もり》はさまざまな物語《ものがたり》を聞《き》かせてくれるようでした。ぼくの目《め》には見《み》えないけれど、森《もり》はゆっくりと動《うご》いているのでした。

※こけむした…こけが生《は》えた。

（令和二年度版　光村図書　国語六　創造　星野《ほしの》　道夫《みちお》）

1

㋐それでやっと分《わ》かりました。について答《こた》えましょう。

① 分《わ》かったのは、何《なん》の木《き》のことでしたか。
森《もり》の中《なか》でときどき見《み》かけた、
根が足のように生えた
不思議《ふしぎ》な姿《すがた》の木《き》。

② どんなことが分《わ》かったのですか。（習《なら》っていない漢字《かんじ》は、ひらがなで書《か》きましょう。）
木《き》の根《ね》の間《あいだ》の穴《あな》は、
栄養をあたえつくして消えたとう木のあと
だったということ。

2

(1) ㋑目《め》の前《まえ》の倒木《とうぼく》は、大木《たいぼく》に今《いま》なお何《なに》をあたえ続《つづ》けているようですか。

栄養

(2) ㋒すっかり消《き》えていたのは、何《なん》ですか。

森のこわさ

(3) 目《め》には見《み》えなくても、「ぼく」に分《わ》かったのは、どんなことでしたか。

森《もり》は ゆっくりと動いている ということ。

54頁

せんねん　まんねん

名前

● 次《つぎ》の詩《し》を二回音読《にかいおんどく》して、答《こた》えましょう。

1

せんねん　まんねん　まど・みちお

いつかのっぽのヤシの木《き》になるために
㋐そのヤシのみが地《じ》べたに落《お》ちる
その地《じ》ひびきでミミズがとびだす
そのミミズをヘビがのむ
そのヘビをワニがのむ
そのワニを川《かわ》がのむ
その川《かわ》の岸《きし》ののっぽのヤシの木《き》の中《なか》を
昇《のぼ》っていくのは
今《いま》まで土《つち》の中《なか》でうたっていた清水《しみず》
その清水《しみず》は昇《のぼ》って昇《のぼ》って昇《のぼ》りつめて
ヤシのみの中《なか》で眠《ねむ》る

2

その眠《ねむ》りが夢《ゆめ》でいっぱいになると
いつかのっぽのヤシの木《き》になるために
そのヤシのみが地《じ》べたに落《お》ちる
その地《じ》ひびきでミミズがとびだす
そのミミズをヘビがのむ
そのヘビをワニがのむ
そのワニを川《かわ》がのむ
その川《かわ》の岸《きし》に
㋑まだ人《ひと》がやって来《こ》なかったころの
はるなつあきふゆ　はるなつあきふゆの
ながいみじかい　せんねんまんねん

（令和二年度版　光村図書　国語六　創造　まど・みちお）

(1) ㋐ヤシのみが地《じ》べたに落《お》ちるのは、いつか何《なに》になるためですか。

のっぽのヤシの木

(2) ヤシのみが地《じ》べたに落《お》ちた地《じ》ひびきで、何《なに》がとびだしますか。

ミミズ

(3) 何《なに》が、何《なに》をのむのですか。次《つぎ》の（　）にあてはまる言葉《ことば》を書《か》きましょう。

① ヘビが（ミミズ）をのむ。
② ワニが（ヘビ）をのむ。
③ 川が（ワニ）をのむ。

(4) 1（第一連《だいいちれん》）と2（第二連《だいにれん》）の両方《りょうほう》で、くり返《かえ》されている六行《ろくぎょう》があります。そのはじめと終《お》わりの四文字《よんもじ》を書《か》きましょう。

いつかの〜川がのむ

(5) ㋑はるなつあきふゆ　はるなつあきふゆという表現《ひょうげん》でどんなことを表《あらわ》していますか。○をつけましょう。

（　）二年間《にねんかん》の出来事《できごと》だということ。
（○）同《おな》じことが何年《なんねん》もくり返《かえ》されているということ。

55頁

いちばん大事《だいじ》なものは

名前

教科書《きょうかしょ》の「いちばん大事《だいじ》なものは」を読《よ》んで、答《こた》えましょう。

(1) 自分《じぶん》の考《かんが》えを友達《ともだち》と伝《つた》え合《あ》い、広《ひろ》げていく学習《がくしゅう》の流《なが》れをまとめました。次《つぎ》の（　）にあてはまる言葉《ことば》を□から選《えら》んで書《か》きましょう。

① 自分《じぶん》の考《かんが》えを、ノートに書《か》く。
② 友達《ともだち》と考《かんが》えを（交流）する。たがいの考《かんが》えがよく分《わ》かるように、（理由）や、これまでの経験《けいけん》などをたずね合《あ》う。
③ 他《ほか》の人《ひと》と交流《こうりゅう》して、変《か》わったり（深まった）りした自分《じぶん》の考《かんが》えを、ノートにまとめる。

・理由《りゆう》　・交流《こうりゅう》　・深《ふか》まった

(2) いろいろな考《かんが》え方《かた》を聞《き》いて、自分《じぶん》の考《かんが》えにいかすにはどうすればよいでしょうか。次《つぎ》の（　）にあてはまる言葉《ことば》を□から選《えら》んで書《か》きましょう。

・人《ひと》によって考《かんが》え方《かた》は（ちがう）。その人《ひと》がなぜそのように考《かんが》えるのか、（理由）や背景《はいけい》を理解《りかい》する。
・他《ほか》の人《ひと》と思《おも》いや考《かんが》えを交流《こうりゅう》することで、自分《じぶん》の考《かんが》えを（広げた）り、深《ふか》めたり、（新しい）視点《してん》を見《み》つけたりする。

・新《あたら》しい　・ちがう　・理由《りゆう》　・広《ひろ》げた

解答例

本書の解答は，あくまでもひとつの例です。児童に取り組ませる前に，必ず指導される方が問題を解いてください。指導される方の作られた解答をもとに，児童の多様な考えに寄り添って○つけをお願いします。

56頁

利用《りよう》案内《あんない》を読《よ》もう

名前

教科書《きょうかしょ》の「利用案内《りようあんない》を読《よ》もう」を読《よ》んで、答《こた》えましょう。

● 次《つぎ》の「わかば市立図書館《しりつとしょかん》 利用案内《りようあんない》」の一部《いちぶ》を読《よ》んで、答《こた》えましょう。

■利用《りよう》カードを作《つく》る

①
・資料《しりょう》の貸出《かしだし》や予約《よやく》には，利用《りよう》カードが必要《ひつよう》です。利用申込書《りようもうしこみしょ》に記入《きにゅう》し，住所《じゅうしょ》と氏名《しめい》が確認《かくにん》できる証明書《しょうめいしょ》（健康保険証《けんこうほけんしょう》，学生証《がくせいしょう》など）といっしょに，カウンターにお持《も》ちください。わかば市内《しない》の全《すべ》ての図書館《としょかん》で作《つく》ることができます。
・利用《りよう》カードを作《つく》れるのは，わかば市在住《しざいじゅう》・在勤《ざいきん》・在学《ざいがく》の方《かた》のみです。

■本《ほん》を借《か》りる

②
・本《ほん》や雑誌《ざっし》は，全《すべ》ての図書館《としょかん》で合計《ごうけい》20冊《さつ》まで借《か》りられます。
・CDやDVDは，図書館《としょかん》によって借《か》りられる数《かず》が異《こと》なります。
　・中央図書館《ちゅうおうとしょかん》，東図書館《ひがしとしょかん》…4点《てん》まで
　・西図書館《にしとしょかん》…2点《てん》まで
・利用《りよう》カードは，わかば市《し》の全《すべ》ての図書館《としょかん》で使《つか》えます。
・貸出期間《かしだしきかん》は，2週間《しゅうかん》です。（1冊《さつ》あたり1回《かい》に限《かぎ》り，1週間《しゅうかん》の期間延長《きかんえんちょう》ができます。）
・利用《りよう》したい資料《しりょう》があるかどうかは，ウェブサイトで確認《かくにん》できます。

（令和二年度版　光村図書　国語六　創造「利用案内を読もう」による）

(1) 利用《りよう》カードを作《つく》るためには、右《みぎ》の利用案内《りようあんない》の①、②の部分《ぶぶん》のうち、どちらを読《よ》めばいいですか。記号《きごう》で答《こた》えましょう。

①

(2) 利用《りよう》カードを作《つく》るのに必要《ひつよう》なものは、何《なん》ですか。二《ふた》つに○をつけましょう。

（　）予約《よやく》カード。
（○）記入《きにゅう》した利用申込書《りようもうしこみしょ》。
（○）住所《じゅうしょ》と氏名《しめい》が確認《かくにん》できる証明書《しょうめいしょ》。

(3) 本《ほん》を借《か》りるためには、右《みぎ》の①、②の部分《ぶぶん》のうち、どちらを読《よ》めばいいですか。記号《きごう》で答《こた》えましょう。

②

(4) 借《か》りられる本《ほん》や雑誌《ざっし》は、何冊《なんさつ》までですか。

［**（合計）20冊まで（二十）**］

(5) 貸出期間《かしだしきかん》は、どのくらいですか。

［**2週間（二）**］

56

57頁

熟語《じゅくご》の成《な》り立《た》ち　(1)
（漢字二字《かんじにじ》の熟語《じゅくご》）

名前

● 熟語《じゅくご》の成《な》り立《た》ちには、次《つぎ》の四《よっ》つのものがあります。同《おな》じ成《な》り立《た》ちの熟語《じゅくご》を□から選《えら》んで書《か》きましょう。

① 似《に》た意味《いみ》の漢字《かんじ》の組《く》み合《あ》わせ。
〈例《れい》〉収納《しゅうのう》（収《おさ》める と 納《おさ》める）
表現

② 意味《いみ》が対《つい》になる漢字《かんじ》の組《く》み合《あ》わせ。
〈例《れい》〉縦横《じゅうおう》（縦《たて》 と 横《よこ》）
勝敗

③ 上《うえ》の漢字《かんじ》が下《した》の漢字《かんじ》を修飾《しゅうしょく》する関係《かんけい》にある組《く》み合《あ》わせ。
〈例《れい》〉深海《しんかい》（深《ふか》い 海《うみ》）
少数

④ 「――を」「――に」に当《あ》たる意味《いみ》の漢字《かんじ》が下《した》に来《く》る組《く》み合《あ》わせ。
〈例《れい》〉洗顔《せんがん》（顔《かお》 を 洗《あら》う）
登山《とざん》（山《やま》 に 登《のぼ》る）
読書

勝敗《しょうはい》・読書《どくしょ》
少数《しょうすう》・表現《ひょうげん》

57

58頁

熟語《じゅくご》の成《な》り立《た》ち　(2)
（漢字二字《かんじにじ》の熟語《じゅくご》）

名前

● 次《つぎ》の成《な》り立《た》ちの漢字二字《かんじにじ》の熟語《じゅくご》を□から二《ふた》つずつ選《えら》んで書《か》きましょう。

① 似《に》た意味《いみ》の漢字《かんじ》の組《く》み合《あ》わせ。
〈例《れい》〉豊富《ほうふ》（豊《ゆた》か と 富《と》む）
加入　玉石

② 意味《いみ》が対《つい》になる漢字《かんじ》の組《く》み合《あ》わせ。
〈例《れい》〉明暗《めいあん》（明《あか》るい と 暗《くら》い）
長短　苦楽

③ 上《うえ》の漢字《かんじ》が下《した》の漢字《かんじ》を修飾《しゅうしょく》する関係《かんけい》にある組《く》み合《あ》わせ。
〈例《れい》〉流星《りゅうせい》（流《なが》れる 星《ほし》）
国宝　強敵

④ 「――を」「――に」に当《あ》たる意味《いみ》の漢字《かんじ》が下《した》に来《く》る組《く》み合《あ》わせ。
〈例《れい》〉消火《しょうか》（火《ひ》を 消《け》す）
着席　帰国

（各解答は順不同）

・国宝《こくほう》　・帰国《きこく》
・着席《ちゃくせき》　・玉石《ぎょくせき》
・長短《ちょうたん》　・強敵《きょうてき》
・加入《かにゅう》　・苦楽《くらく》

58

59頁

熟語《じゅくご》の成《な》り立《た》ち　(3)
（漢字三字《かんじさんじ》の熟語《じゅくご》）

名前

(1) 次《つぎ》の熟語《じゅくご》の成《な》り立《た》ちを□から選《えら》んで記号《きごう》で答《こた》えましょう。

① 衣食住《いしょくじゅう》　**ウ**
② 低学年《ていがくねん》　**ア**
③ 近代化《きんだいか》　**イ**
④ 松竹梅《しょうちくばい》　**ウ**
⑤ 未解決《みかいけつ》　**ア**
⑥ 新聞社《しんぶんしゃ》　**イ**

㋐ 二字《にじ》の語《ご》の頭《あたま》に一字《いちじ》を加《くわ》えた熟語《じゅくご》（○＋○○）〈例《れい》〉新記録《しんきろく》　不安定《ふあんてい》
㋑ 二字《にじ》の語《ご》の後《うし》ろに一字《いちじ》を加《くわ》えた熟語《じゅくご》（○○＋○）〈例《れい》〉銀河系《ぎんがけい》　積極的《せっきょくてき》
㋒ 一字《いちじ》の語《ご》の集《あつ》まりから成《な》る熟語《じゅくご》（○＋○＋○）〈例《れい》〉市町村《しちょうそん》

(2) 上《うえ》と下《した》を――線《せん》で結《むす》んで、漢字三字《かんじさんじ》の熟語《じゅくご》を作《つく》りましょう。

①
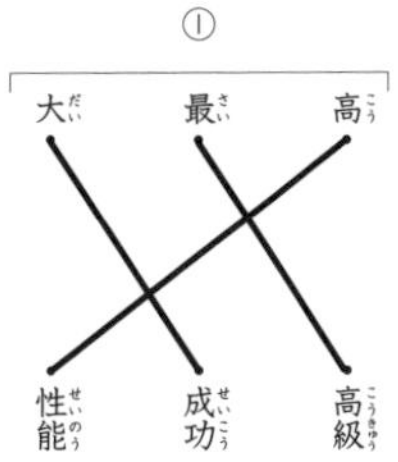

②
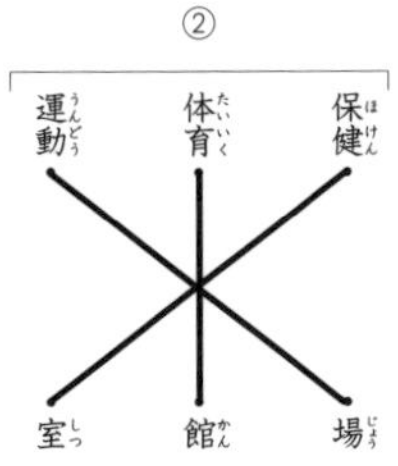

59

60頁

熟語《じゅくご》の成《な》り立《た》ち (4)（漢字三字の熟語）

名前

(1) 次の熟語の頭に一字を加えて、三字の熟語を作ります。〈例〉にならって、□のどれかを選んで、漢字三字の熟語を書きましょう。

〈例〉安定《あんてい》　不安定

① 責任《せきにん》　無責任

② 公平《こうへい》　不公平

③ 常識《じょうしき》　非常識

④ 完成《かんせい》　未完成

不・未・無・非

(2) 次の熟語の後ろに一字を加えて、三字の熟語を作ります。〈例〉にならって、□のどちらかを選んで、漢字三字の熟語を書きましょう。

〈例〉積極《せっきょく》　積極的

① 小型《こがた》　小型化

② 典型《てんけい》　典型的

③ 効果《こうか》　効果的

④ 温暖《おんだん》　温暖化

的・化

（同じ漢字を何度使ってもよいです。）

60

61頁

熟語《じゅくご》の成《な》り立《た》ち (5)（漢字三字の熟語）

名前

(1) 次の成り立ちに合う、漢字三字の熟語を□から選んで書きましょう。

① 一字＋二字　〈例〉再利用《さいりよう》（再＋利用）　無意識　高学年

② 二字＋一字　〈例〉救急車《きゅうきゅうしゃ》（救急＋車）　発表会　自動化

③ 一字＋一字＋一字　〈例〉衣食住《いしょくじゅう》（衣＋食＋住）　市町村

（①、②の解答は順不同）

無意識・市町村・発表会・高学年・自動化

(2) 次の漢字三字の熟語を、〈例〉にならって、組み立てているもとの漢字や熟語に分けて書きましょう。

〈例〉新記録《しんきろく》　→　新＋記録

① 落語家《らくごか》　→　落語＋家

② 少人数《しょうにんずう》　→　少＋人数

③ 想像力《そうぞうりょく》　→　想像＋力

61

62頁

熟語《じゅくご》の成《な》り立《た》ち (6)（漢字四字以上の熟語）

名前

(1) 次の熟語の成り立ちを□から選んで記号で答えましょう。

① 国語辞典《こくごじてん》　㋑

② 新聞記者《しんぶんきしゃ》　㋑

③ 東西南北《とうざいなんぼく》　㋐

④ 紙飛行機《かみひこうき》　㋑

㋐ 一字の語の集まりから成る熟語　〈例〉都道府県（都－道－府－県）

㋑ いくつかの語の集まりから成る熟語　〈例〉臨時列車（臨時－列車）

(2) 次の熟語を、〈例〉にならって、組み立てているもとの漢字や熟語に分けて書きましょう。

〈例〉身体測定《しんたいそくてい》　→　身体＋測定

① 海外旅行《かいがいりょこう》　→　海外＋旅行

② 海水浴客《かいすいよくきゃく》　→　海水浴＋客

③ 春夏秋冬《しゅんかしゅうとう》　→　春＋夏＋秋＋冬

④ 宇宙飛行士《うちゅうひこうし》　→　宇宙＋飛行＋士

62

63頁

やまなし (1)

名前

● 教科書の「やまなし」の全文を読んだ後、次の文章を二回読んで、答えましょう。

1

［五月、二ひきのかにの子どもの兄弟が、小さな谷川の水の底にいます。］

魚が、今度はそこら中の黄金の光をまるっきりくちゃくちゃにして、おまけに㋐自分は鉄色に変に底光りして、また上の方へ上りました。

㋑「お魚は、なぜああ行ったり来たりするの。」

弟のかにが、まぶしそうに目を動かしながらたずねました。

「何か悪いことをしてるんだよ。取ってるんだよ。」

「取ってるの。」

「うん。」

2

そのお魚が、また上からもどってきました。今度はゆっくり落ち着いて、ひれも尾も動かさず、ただ水にだけ流されながら、お口を輪のように円くしてやって来ました。㋒そのかげは、黒く静かに底の光のあみの上をすべりました。

（令和二年度版　光村図書　国語六　創造　宮沢 賢治）

1

(1) ㋐自分とは、だれのことですか。○をつけましょう。

（○）魚　（　）かに

(2) ㋑「お魚は、なぜ…するの。」について答えましょう。

① この言葉を言ったのは、だれですか。

弟のかに

② この言葉の中の「ああ」とは、どんな意味ですか。○をつけましょう。

（　）「ああ、楽しかった。」の「ああ」のように、感動を表している。

（○）「あのように」という意味を表している。

2

(1) 上からもどってきたときの魚の様子にあうものに、○をつけましょう。

（　）そこら中をくちゃくちゃに泳ぎまわりながら来た。

（○）ひれも尾も動かさず、ただ水に流されながら来た。

(2) ㋒そのかげとは、何のかげですか。

魚（のかげ）

63

解答例

本書の解答は，あくまでもひとつの例です。児童に取り組ませる前に，必ず指導される方が問題を解いてください。指導される方の作られた解答をもとに，児童の多様な考えに寄り添って○つけをお願いします。

64頁

やまなし (2)

名前

● 次《つぎ》の文章《ぶんしょう》を二回読《にかいよ》んで、答《こた》えましょう。

1

［二《に》ひきのかにの子《こ》どもの兄弟《きょうだい》の方《ほう》に、魚《さかな》が上《かみ》からもどってきました。］

「お魚《さかな》は……。」

そのときです。にわかに㋐天井《てんじょう》に白《しろ》いあわが立《た》って、青光《あおびか》りのまるでぎらぎらする鉄砲《てっぽう》だまのようなものが、いきなり飛《と》びこんできました。

※にわかに…とつぜん。急《きゅう》に。

2

兄《にい》さんのかには、はっきりとその青《あお》いものの先《さき》が、コンパスのように黒《くろ》くとがっているのも見《み》ました。と思《おも》ううちに、㋑魚《さかな》の白《しろ》い腹《はら》がぎらっと光《ひか》って一《いっ》ぺんひるがえり、上《うえ》の方《ほう》へ上《のぼ》ったようでしたが、それっきりもう青《あお》いものも魚《さかな》の形《かたち》も見《み》えず、光《ひかり》の黄金《きん》のあみはゆらゆらゆれ、あわはつぶつぶ流《なが》れました。

二《に》ひきはまるで声《こえ》も出《で》ず、㋒居《い》すくまってしまいました。

（令和二年度版　光村図書　国語六　創造　宮沢《みやざわ》　賢治《けんじ》）

1

(1) ㋐天井《てんじょう》とは、何《なん》のことですか。○をつけましょう。

（　）家《いえ》の天井《てんじょう》。

（○）川《かわ》の水面《すいめん》。

(2) いきなり飛《と》びこんできたのは、どのようなものでしたか。文中《ぶんちゅう》から言葉《ことば》を書《か》き出《だ》しましょう。（習《なら》っていない漢字《かんじ》は、ひらがなで書《か》きましょう。）

［**青光りのまるでぎらぎらする鉄ぽうだま**］のようなもの。

2

(1) 兄《にい》さんのかには、青《あお》いものの先《さき》が、何《なん》のように黒《くろ》くとがっているのを見《み》ましたか。

［**コンパス**］

(2) ㋑「魚《さかな》の白《しろ》い腹《はら》が…魚《さかな》の形《かたち》も見《み》えず」の文《ぶん》は、どのようなことを表《あらわ》していると考《かんが》えられますか。○をつけましょう。

（　）魚《さかな》が、川《かわ》の上《うえ》と底《そこ》を行《い》ったり来《き》たりしていること。

（○）水《みず》の中《なか》に入《はい》ってきた青《あお》いものも、魚《さかな》も、川《かわ》からいなくなってしまったこと。

(3) ㋒「居《い》すくまる」とは、どんな意味《いみ》ですか。○をつけましょう。

（○）こわくて動《うご》けなくなる。

（　）落《お》ち着《つ》いてじっとしている。

65頁

やまなし (3)

名前

● 次《つぎ》の文章《ぶんしょう》を二回読《にかいよ》んで、答《こた》えましょう。

1

［お父《とう》さんのかにが出《で》てきました。二《に》ひきの子《こ》どものかには、ぶるぶるふるえて、お父《とう》さんに「青《あお》く光《ひか》る、とがったものが来《き》たら、お魚《さかな》が上《うえ》へ上《のぼ》っていった。」と伝《つた》えました。］

「ふうん。しかし、そいつは鳥《とり》だよ。かわせみというんだ。㋐だいじょうぶだ、安心《あんしん》しろ。おれたちは構《かま》わないんだから。」

「お父《とう》さん、お魚《さかな》はどこへ行《い》ったの。」

「魚《さかな》かい。魚《さかな》はこわい所《ところ》へ行《い》った。」

「こわいよ、お父《とう》さん。」

「いい、いい、だいじょうぶだ。心配《しんぱい》するな。そら、かばの花《はな》が流《なが》れてきた。ごらん、きれいだろう。」

※構《かま》わない…相手《あいて》にしない。

※かば…ここでは、山桜《やまざくら》の一種《いっしゅ》。

2

あわといっしょに、白《しろ》いかばの花《はな》びらが、天井《てんじょう》をたくさんすべってきました。

「こわいよ、お父《とう》さん。」

弟《おとうと》のかにも言《い》いました。

光《ひかり》のあみはゆらゆら、のびたり縮《ちぢ》んだり、花《はな》びらのかげは静《しず》かに砂《すな》をすべりました。

（令和二年度版　光村図書　国語六　創造　宮沢《みやざわ》　賢治《けんじ》）

1

(1) 子《こ》どもの話《はなし》を聞《き》いたお父《とう》さんのかには、何《なん》という鳥《とり》が来《き》たのだと言《い》いましたか。

［**かわせみ**］

(2) お父《とう》さんのかにが、㋐「だいじょうぶだ、安心《あんしん》しろ。」という理由《りゆう》を、文中《ぶんちゅう》より一文《いちぶん》で書《か》き出《だ》しましょう。

［**おれたちは構わないんだから。**］

(3) お父《とう》さんのかには、魚《さかな》がどこへ行《い》ったと、言《い》いましたか。

［**こわい所**］

2

(1) あわといっしょに、天井《てんじょう》をたくさんすべってきたのは、何《なん》でしたか。

［**白いかばの花びら**］

(2) ゆらゆら、のびたり縮《ちぢ》んだりしているのは、何《なん》ですか。

［**光のあみ**］

66頁

やまなし (4)

名前

● 次《つぎ》の文章《ぶんしょう》を二回読《にかいよ》んで、答《こた》えましょう。

1

［十二月《じゅうにがつ》、かにの子《こ》どもらは、あんまり月《つき》が明《あか》るく水《みず》がきれいなので、外《そと》に出《で》て、川底《かわぞこ》であわをはいて天井《てんじょう》の方《ほう》を見《み》ていました。］

そのとき、トブン。

㋐黒《くろ》い丸《まる》い大《おお》きなものが、天井《てんじょう》から落《お》ちてずうっとしずんで、また上《うえ》へ上《のぼ》っていきました。きらきらっと黄金《きん》のぶちが光《ひか》りました。

「かわせみだ。」

子《こ》どものかには、㋑首《くび》をすくめて言《い》いました。

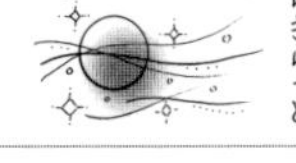

※黄金《きん》のぶち…金色《きんいろ》のまだらもよう。

2

お父《とう》さんのかには、遠眼鏡《とおめがね》のような両方《りょうほう》の目《め》をあらんかぎりのばして、よくよく見《み》てから言《い》いました。

「そうじゃない。あれはやまなしだ。流《なが》れていくぞ。ついていってみよう。ああ、いいにおいだな。」

なるほど、そこらの月明《つきあ》かりの水《みず》の中《なか》は、やまなしのいいにおいでいっぱいでした。

※遠眼鏡《とおめがね》…望遠鏡《ぼうえんきょう》の古《ふる》いよび方《かた》。

※あらんかぎり…ありったけ。できるだけ。

（令和二年度版　光村図書　国語六　創造　宮沢《みやざわ》　賢治《けんじ》）

1

(1) ㋐黒《くろ》い丸《まる》い大《おお》きなものが川《かわ》に落《お》ちたとき、どんな音《おと》がしましたか。文中《ぶんちゅう》の三文字《さんもじ》の言葉《ことば》で答《こた》えましょう。

トブン

(2) ㋐黒《くろ》い丸《まる》い大《おお》きなものを、子《こ》どものかには何《なん》だと思《おも》いましたか。

［**かわせみ**］

(3) ㋑首《くび》をすくめてとはどんな意味《いみ》ですか。○をつけましょう。

（　）不思議《ふしぎ》に思《おも》って首《くび》を曲《ま》げて。

（○）おそろしくて首《くび》をちぢめて。

2

(1) お父《とう》さんのかには、㋐黒《くろ》い丸《まる》い大《おお》きなものを何《なん》だと言《い》いましたか。

［**やまなし**］

(2) 月明《つきあ》かりの水《みず》の中《なか》は、何《なん》でいっぱいでしたか。

［**やまなしのいいにおい**］

67頁

やまなし (5)

名前

● 次《つぎ》の文章《ぶんしょう》を二回読《にかいよ》んで、答《こた》えましょう。

1

［お父《とう》さんのかには、子《こ》どもらのかにに「あれはやまなしだ。ついていってみよう。」と言《い》いました。］

三《さん》びきは、ぼかぼか流《なが》れていくやまなしの後《あと》を追《お》いました。

その横歩《よこある》きと、底《そこ》の黒《くろ》い三《みっ》つのかげ法師《ぼうし》が、㋐合《あ》わせて六《むっ》つ、おどるようにして、やまなしの円《まる》いかげを追《お》いました。

まもなく、水《みず》はサラサラ鳴《な》り、天井《てんじょう》の波《なみ》はいよいよ青《あお》いほのおを上《あ》げ、やまなしは横《よこ》になって木《き》の枝《えだ》に引《ひ》っかかって止《と》まり、その上《うえ》には、月光《げっこう》のにじがもかもか集《あつ》まりました。

※かげ法師《ぼうし》…地面《じめん》にうつった、（何《なに》かの）かげ。

2

㋑「どうだ、やっぱりやまなしだよ。よく熟《じゅく》している。いいにおいだろう。」

「おいしそうだね、お父《とう》さん。」

「待《ま》て待《ま》て。もう二日《ふつか》ばかり待《ま》つとね、こいつは下《した》へしずんでくる。それから、ひとりでにおいしいお酒《さけ》ができるから。さあ、もう帰《かえ》ってねよう。おいで。」

（令和二年度版　光村図書　国語六　創造　宮沢《みやざわ》　賢治《けんじ》）

1

(1) ㋐合《あ》わせて六《むっ》つについて答《こた》えましょう。

① 何《なに》と何《なに》を合《あ》わせて「六《むっ》つ」になるのですか。○をつけましょう。

（　）三《さん》びきのかにと三個《さんこ》のやまなし。

（○）三《さん》びきのかにと、三《みっ》つのかにのかげ。

② その「六《むっ》つ」は、どのようにして、やまなしのかげを追《お》いましたか。

［**おどる**ようにして追《お》いかけた。］

(2) 川《かわ》の水面《すいめん》で、木《き》の枝《えだ》に引《ひ》っかかって止《と》まったやまなしの上《うえ》に、何《なに》が集《あつ》まりましたか。

［**月光のにじ**］

2

(1) ㋑「どうだ、…いいにおいだろう。」と言《い》ったのは、だれですか。

［**お父さん（のかに）**］

(2) もう二日《ふつか》ばかり待《ま》つと、やまなしは下《した》へしずんで、ひとりでに何《なに》になりますか。

［**（おいしい）お酒**］

68頁　イーハトーヴの夢《ゆめ》 (1)

名前

● 教科書《きょうかしょ》の「イーハトーヴの夢《ゆめ》」の全文《ぜんぶん》を読《よ》んだ後《あと》、次《つぎ》の文章《ぶんしょう》を二回《にかい》読《よ》んで、答《こた》えましょう。

1

宮沢賢治《みやざわけんじ》は、
一八九六年《せんはっぴゃくきゅうじゅうろくねん》
（明治《めいじ》二十九年《にじゅうきゅうねん》）
八月二十七日《はちがつにじゅうしちにち》、岩手県《いわてけん》の花巻《はなまき》に
生《う》まれた。津波《つなみ》や洪水《こうずい》、地震《じしん》と、
次々《つぎつぎ》に災害《さいがい》にみまわれた年《とし》だった。
六月《ろくがつ》、三陸大津波《さんりくおおつなみ》。七月《しちがつ》、大雨《おおあめ》に
よる洪水《こうずい》。八月《はちがつ》、陸羽大地震《りくうおおじしん》。
そして九月《くがつ》には、またまた大雨《おおあめ》、
洪水《こうずい》。それによる伝染病《でんせんびょう》の流行《りゅうこう》。
次々《つぎつぎ》におそった災害《さいがい》のために、
岩手県内《いわてけんない》だけでも五万人《ごまんにん》以上《いじょう》が
なくなるという大変《たいへん》な年《とし》だった。

※みまわれた…ひがいを受《う》けた。

2

家《いえ》の職業《しょくぎょう》は質店《しちてん》。裕福《ゆうふく》な暮《く》らし
だった。賢治《けんじ》はそこの長男《ちょうなん》。
後《のち》に四人《よにん》の兄弟《きょうだい》が生《う》まれる。

※質店《しちてん》…品物《しなもの》と引《ひ》きかえに、お金《かね》を貸《か》す店《みせ》。

（令和二年度版　光村図書　国語六　創造　畑山《はたやま》　博《ひろし》）

1

(1) 宮沢賢治《みやざわけんじ》は、何年《なんねん》に生《う》まれましたか。

〔一八九七年（明治二十九年）〕

(2) 宮沢賢治《みやざわけんじ》は、どこで生《う》まれましたか。

〔岩手県（の花巻）〕

(3) 賢治《けんじ》が生《う》まれた年《とし》には、どんな災害《さいがい》がありましたか。時期《じき》とあてはまるものを——線《せん》で結《むす》びましょう。（二回選《にかいえら》ぶものもあります。）

① 六月《ろくがつ》 — 大津波《おおつなみ》
② 七月《しちがつ》 — 大雨《おおあめ》、洪水《こうずい》
③ 八月《はちがつ》 — 大地震《おおじしん》
④ 九月《くがつ》 — 大雨《おおあめ》、洪水《こうずい》

(4) この年《とし》の自然災害《しぜんさいがい》によって、何《なに》が流行《りゅうこう》しましたか。（習《なら》っていない漢字《かんじ》は、ひらがなで書《か》きましょう。）

〔伝せん病〕

2

賢治《けんじ》が生《う》まれたころ、賢治《けんじ》の家《いえ》は、どのような暮《く》らしでしたか。○をつけましょう。

（　）お金《かね》がなく、貧《まず》しい暮《く》らし。
（○）お金《かね》があって、豊《ゆた》かな暮《く》らし。

69頁　イーハトーヴの夢《ゆめ》 (2)

名前

● 次《つぎ》の文章《ぶんしょう》を二回《にかい》読《よ》んで、答《こた》えましょう。

1

賢治《けんじ》が中学《ちゅうがく》に入学《にゅうがく》した年《とし》も、
自然災害《しぜんさいがい》のために農作物《のうさくぶつ》がとれず、
農民《のうみん》たちは大変《たいへん》な苦《くる》しみを味《あじ》わった。
その次《つぎ》の年《とし》も、また洪水《こうずい》。
「なんとかして農作物《のうさくぶつ》の被害《ひがい》を
少《すく》なくし、人々《ひとびと》が安心《あんしん》して田畑《たはた》を
耕《たがや》せるように
できないものか。」
賢治《けんじ》は必死《ひっし》で考《かんが》えた。

2

「そのために㋐一生《いっしょう》をささげたい。
それにはまず、最新《さいしん》の農業技術《のうぎょうぎじゅつ》を
学《まな》ぶことだ。」
そう思《おも》った賢治《けんじ》は、盛岡高等《もりおかこうとう》
農林学校《のうりんがっこう》に入学《にゅうがく》する。成績《せいせき》は優秀《ゆうしゅう》。
卒業《そつぎょう》のときに、教授《きょうじゅ》から、研究室《けんきゅうしつ》に
残《のこ》って学者《がくしゃ》の道《みち》に進《すす》まないかと
さそわれる。でも賢治《けんじ》は、㋑それを
断《ことわ》る。そして、ちょうど花巻《はなまき》に
できたばかりの農学校《のうがっこう》の先生《せんせい》になる。
二十五《にじゅうご》さいの冬《ふゆ》だった。

（令和二年度版　光村図書　国語六　創造　畑山《はたやま》　博《ひろし》）

1

(1) 賢治《けんじ》が中学《ちゅうがく》に入学《にゅうがく》した年《とし》、農作物《のうさくぶつ》がとれなかった理由《りゆう》は、何《なん》でしたか。

〔自然災害〕のため。

(2) 苦《くる》しむ農民《のうみん》たちを見《み》て、賢治《けんじ》はどんなことを考《かんが》えましたか。

なんとかして農作物《のうさくぶつ》の被害《ひがい》を少《すく》なくし、〔人々が安心して田畑を耕せる〕ようにできないものか、ということ。

2

(1) ㋐一生《いっしょう》をささげたい。とは、どんな意味《いみ》ですか。○をつけましょう。

（　）一生《いっしょう》けんめいがんばりたい。
（○）自分《じぶん》の一生《いっしょう》をかけてつくしたい。

(2) 賢治《けんじ》は、まず何《なに》を学《まな》ぶことにしましたか。

〔最新の農業技術〕

(3) ㋑それとは、何《なに》を指《さ》しますか。○をつけましょう。

（○）学者《がくしゃ》の道《みち》に進《すす》むこと。
（　）農学校《のうがっこう》の先生《せんせい》になること。

70頁　イーハトーヴの夢《ゆめ》 (3)

名前

● 次《つぎ》の文章《ぶんしょう》を二回《にかい》読《よ》んで、答《こた》えましょう。

1

〔賢治《けんじ》は、二十五《にじゅうご》さいのとき、農学校《のうがっこう》の先生《せんせい》になった。〕

「いねの心《こころ》が分《わ》かる人間《にんげん》になれ。」
それが生徒《せいと》たちへの
口《くち》ぐせだった。

2

また、こんな言葉《ことば》を覚《おぼ》えている
㋐教《おし》え子《ご》もいる。
「農学校《のうがっこう》の『農《のう》』という字《じ》を、
じっと見《み》つめてみてください。
『農《のう》』の字《じ》の上半分《うえはんぶん》の『曲《きょく》』は、
大工《だいく》さんの使《つか》う曲尺《かねじゃく》のことです。
そして下《した》の『辰《しん》』は、時《とき》という
意味《いみ》です。年《とし》とか季節《きせつ》という
意味《いみ》もあります。」
曲尺《かねじゃく》というのは、
直角《ちょっかく》に曲《ま》がったものさしの
ことだ。それを使《つか》うと、一度《いちど》に
二《ふた》つの方向《ほうこう》の寸法《すんぽう》が測《はか》れる。だから
賢治《けんじ》の言葉《ことば》は、「その年《とし》の気候《きこう》の
特徴《とくちょう》を、いろんな角度《かくど》から見《み》て、
しっかりつかむことが大切《たいせつ》です。」
という意味《いみ》になる。

※寸法《すんぽう》…物《もの》の長《なが》さ。

（令和二年度版　光村図書　国語六　創造　畑山《はたやま》　博《ひろし》）

1

賢治《けんじ》の生徒《せいと》たちへの口《くち》ぐせとは、何《なん》でしたか。文中《ぶんちゅう》から書《か》き出《だ》しましょう。

〔いねの心が分かる人間になれ。〕

2

(1) ㋐教《おし》え子《ご》とは、どんな意味《いみ》ですか。○をつけましょう。

（　）賢治《けんじ》が子《こ》どものころの学校《がっこう》の教師《きょうし》。
（○）賢治《けんじ》が学校《がっこう》で教《おし》えた生徒《せいと》。

(2) 賢治《けんじ》は、『農《のう》』の字《じ》の上半分《うえはんぶん》の『曲《きょく》』は、何《なん》のことだと言《い》いましたか。

〔（大工さんの使う）曲尺〕

(3) 賢治《けんじ》は、『農《のう》』の字《じ》の下半分《したはんぶん》の『辰《しん》』は、何《なん》という意味《いみ》だと言《い》いましたか。三《みっ》つ書《か》きましょう。

〔時〕〔年〕〔季節〕

(4) 賢治《けんじ》は、『農《のう》』という字《じ》を通《とお》して、どういうことが大切《たいせつ》だと言《い》いたかったのですか。

その年《とし》の気候《きこう》の特徴《とくちょう》を、〔いろんな角度から見て、しっかりつかむこと。〕

71頁　イーハトーヴの夢《ゆめ》 (4)

名前

● 次《つぎ》の文章《ぶんしょう》を二回《にかい》読《よ》んで、答《こた》えましょう。

1

また賢治《けんじ》は、春《はる》、生徒《せいと》たちと
田植《たう》えをしたとき、田《た》んぼの
真《ま》ん中《なか》に、ひまわりの種《たね》を一《ひと》つぶ
植《う》えたこともあった。すると、
真夏《まなつ》、辺《あた》り一面《いちめん》ただ平凡《へいぼん》な緑《みどり》の
中《なか》に、それが見事《みごと》に花《はな》を開《ひら》く。
「㋐田《た》んぼが、詩《し》に書《か》かれた
田《た》んぼのように、かがやいて
見《み》えましたよ。」
と、昔《むかし》の
教《おし》え子《ご》たちが言《い》う。

※平凡《へいぼん》な緑《みどり》…ふつうの田《た》んぼ。

2

苦《くる》しい農作業《のうさぎょう》の中《なか》に、楽《たの》しさを
見《み》つける。工夫《くふう》することに、
喜《よろこ》びを見《み》つける。そうして、
未来《みらい》に希望《きぼう》をもつ。それが、
先生《せんせい》としての賢治《けんじ》の理想《りそう》だった。

※理想《りそう》…考《かんが》えられるかぎりに最高《さいこう》なこと。

（令和二年度版　光村図書　国語六　創造　畑山《はたやま》　博《ひろし》）

1

(1) 賢治《けんじ》は、春《はる》、生徒《せいと》たちと何《なに》をしましたか。

〔田植え〕

(2) 賢治《けんじ》は、春《はる》、田《た》んぼの真《ま》ん中《なか》に、何《なに》を一《ひと》つぶ植《う》えたことがありましたか。

〔ひまわりの種〕

(3) 「㋐田《た》んぼが、…見《み》えましたよ。」とありますが、昔《むかし》の教《おし》え子《ご》たちには、何《なん》のようすがそのように見《み》えたのですか。

辺《あた》り一面《いちめん》が〔緑〕色《いろ》の田《た》んぼの中《なか》に、〔ひまわり〕の花《はな》が見事《みごと》にさいているようす。

2

先生《せんせい》としての賢治《けんじ》の理想《りそう》は何《なん》でしたか。三《みっ》つ書《か》きましょう。

苦《くる》しい農作業《のうさぎょう》の中《なか》に、〔楽しさ〕を見《み》つける。
工夫《くふう》することに、〔喜び〕を見《み》つける。
未来《みらい》に〔希望〕をもつ。

本書の解答は，あくまでもひとつの例です。児童に取り組ませる前に，必ず指導される方が問題を解いてください。指導される方の作られた解答をもとに，児童の多様な考えに寄り添って○つけをお願いします。

72頁

イーハトーヴの夢《ゆめ》 (5)

名前

● 次《つぎ》の文章《ぶんしょう》を二回《にかい》読《よ》んで、答《こた》えましょう。

1

暴《あば》れる自然《しぜん》に勝《か》つためには、みんなで力《ちから》を合《あ》わせなければならない。力《ちから》を合《あ》わせるには、たがいにやさしい心《こころ》が通《かよ》い合《あ》っていなければならない。そのやさしさを人々《ひとびと》に育《そだ》ててもらうために、賢治《けんじ》は、たくさんの詩《し》や童話《どうわ》を書《か》いた。

「風《かぜ》の又三郎《またさぶろう》」
「グスコーブドリの伝記《でんき》」
「セロ弾《ひ》きのゴーシュ」、
そして「やまなし」。

2

賢治《けんじ》の書《か》いた物語《ものがたり》の舞台《ぶたい》は、イーハトーヴという一《ひと》つの同《おな》じ場所《ばしょ》であることが多《おお》い。

イーハトーヴというのは想像《そうぞう》で作《つく》った地名《ちめい》だけれど、「イーワテ」というのとよく似《に》ている。

※物語《ものがたり》の舞台《ぶたい》…お話《はなし》の場所《ばしょ》。出来事《できごと》が起《お》こっている場所《ばしょ》。

（令和二年度版　光村図書　国語六　創造　畑山《はたやま》　博）

1

(1) 賢治《けんじ》は、暴《あば》れる自然《しぜん》に勝《か》つためには、何《なに》をしなければならないと考《かんが》えましたか。

みんなで力を合わせなければならない。

(2) 賢治《けんじ》は、力《ちから》を合《あ》わせるには、たがいに何《なに》が通《かよ》い合《あ》っていなければならないと考《かんが》えましたか。

やさしい心。

(3) 賢治《けんじ》は、やさしさを人々《ひとびと》に育《そだ》ててもらうために、何《なに》をしましたか。

たくさんの詩や童話を書いた。

2

(1) 賢治《けんじ》の書《か》いた物語《ものがたり》では、何《なん》というところを舞台《ぶたい》にしていることが多《おお》いですか。

イーハトーヴ

(2) イーハトーヴとは、どのような地名《ちめい》だといえますか。○をつけましょう。

（　）実際《じっさい》に岩手県《いわてけん》にある地名《ちめい》。
（○）賢治《けんじ》が想像《そうぞう》で作《つく》った地名《ちめい》。

72

73頁

イーハトーヴの夢《ゆめ》 (6)

名前

● 次《つぎ》の文章《ぶんしょう》を二回《にかい》読《よ》んで、答《こた》えましょう。

1

㋐賢治《けんじ》がイーハトーヴの物語《ものがたり》を通《とお》して追《お》い求《もと》めた理想《りそう》。それは、人間《にんげん》がみんな人間《にんげん》らしい生《い》き方《かた》ができる社会《しゃかい》だ。それだけでなく、人間《にんげん》も動物《どうぶつ》も植物《しょくぶつ》も、たがいに心《こころ》が通《かよ》い合《あ》うような世界《せかい》が、賢治《けんじ》の夢《ゆめ》だった。一本《いっぽん》の木《き》にも、身《み》を切《き》られるときの痛《いた》みとか、日《ひ》なたぼっこのここちよさとか、いかりとか、思《おも》い出《で》とか、そういうものがきっとあるにちがいない。賢治《けんじ》は、㋑その木《き》の心《こころ》を自分《じぶん》のことのように思《おも》って、物語《ものがたり》を書《か》いた。

2

㋒、時代《じだい》は、賢治《けんじ》の理想《りそう》とはちがう方向《ほうこう》に進《すす》んでいた。さまざまな機械《きかい》の自動化《じどうか》が始《はじ》まり、鉄道《てつどう》や通信《つうしん》が発達《はったつ》した。なんでも、早《はや》く、合理的《ごうりてき》にできることがよいと思《おも》われるような世《よ》の中《なか》になった。㋓そんな世《よ》の中《なか》に、賢治《けんじ》の理想《りそう》は受《う》け入《い》れられなかった。

※合理的《ごうりてき》…物事《ものごと》のむだを省《はぶ》いて、行《おこな》うようす。

（令和二年度版　光村図書　国語六　創造　畑山《はたやま》　博）

1

(1) ㋐賢治《けんじ》がイーハトーヴの物語《ものがたり》を通《とお》して追《お》い求《もと》めた理想《りそう》とは、どんな社会《しゃかい》ですか。

人間《にんげん》がみんな 人間らしい生き方ができる 社会《しゃかい》。

(2) どのような世界《せかい》が、賢治《けんじ》の夢《ゆめ》でしたか。

人間《にんげん》も動物《どうぶつ》も植物《しょくぶつ》も、たがいに 心が通い合う ような世界《せかい》。

(3) 物語《ものがたり》を書《か》くとき、賢治《けんじ》は、㋑木《き》の心《こころ》を何《なん》のように思《おも》って書《か》きましたか。

自分のこと

2

(1) ㋒にあてはまる言葉《ことば》に○をつけましょう。

（　）だから
（○）けれども

(2) ㋓そんな世《よ》の中《なか》とは、どんな世《よ》の中《なか》ですか。文中《ぶんちゅう》から書《か》き出《だ》しましょう。

なんでも、早く、合理的にできることがよいと思われるような世の中

73

74頁

イーハトーヴの夢《ゆめ》 (7)

名前

● 次《つぎ》の文章《ぶんしょう》を二回《にかい》読《よ》んで、答《こた》えましょう。

1

初《はじ》めのころ、賢治《けんじ》は、自分《じぶん》が書《か》いた童話《どうわ》や詩《し》の原稿《げんこう》をいくつかの出版社《しゅっぱんしゃ》に持《も》ちこんだ。でも、どの出版社《しゅっぱんしゃ》でも断《ことわ》られた。㋐しかたなく、賢治《けんじ》は、自分《じぶん》で二冊《にさつ》の本《ほん》を出《だ》す。童話集《どうわしゅう》「注文《ちゅうもん》の多《おお》い料理店《りょうりてん》」、詩集《ししゅう》「春《はる》と修羅《しゅら》」。でも、これもほとんど売《う》れなかった。それどころか、ひどい批評《ひひょう》の言葉《ことば》が返《かえ》ってくる。

※批評《ひひょう》…よいか悪《わる》いかについて意見《いけん》を言《い》うこと。

2

自分《じぶん》の作品《さくひん》が理解《りかい》されないことに、賢治《けんじ》は傷《きず》ついた。次《つぎ》に出《だ》すつもりで準備《じゅんび》を整《ととの》えていた詩集《ししゅう》も、出《だ》すのをやめた。

※傷《きず》つく…つらい思《おも》いをする。

（令和二年度版　光村図書　国語六　創造　畑山《はたやま》　博）

1

(1) 初《はじ》めのころ、賢治《けんじ》がいくつかの出版社《しゅっぱんしゃ》に持《も》ちこんだものは、何《なん》の原稿《げんこう》でしたか。

自分が書いた童話や詩(の原こう)

(2) ㋐しかたなくとは、どんな意味《いみ》ですか。

（　）時間《じかん》がないので。
（○）ほかに方法《ほうほう》がなくて。

(3) 賢治《けんじ》が自分《じぶん》で出《だ》した二冊《にさつ》の本《ほん》のうち、童話集《どうわしゅう》の題名《だいめい》は、何《なん》ですか。

注文の多い料理店

(4) 賢治《けんじ》が自分《じぶん》で二冊《にさつ》の本《ほん》を出《だ》した結果《けっか》は、どうでしたか。二《ふた》つ書《か》きましょう。

ほとんど 売れなかった 。

ひどい 批評の言葉 が返《かえ》ってきた。

2

賢治《けんじ》は、どんなことに傷《きず》つきましたか。

自分の作品が理解されないこと。

74

75頁

イーハトーヴの夢《ゆめ》 (8)

名前

● 次《つぎ》の文章《ぶんしょう》を二回《にかい》読《よ》んで、答《こた》えましょう。

1

農業《のうぎょう》に対《たい》する考《かんが》え方《かた》にも、変化《へんか》が起《お》こっていた。「一度《いちど》に大勢《おおぜい》の生徒《せいと》を相手《あいて》に理想《りそう》を語《かた》ってもだめだ。理想《りそう》と現実《げんじつ》の農業《のうぎょう》はちがう。実際《じっさい》に自分《じぶん》も農民《のうみん》になって、自分《じぶん》で耕《たがや》しながら人《ひと》と話《はな》さなければ。」そう思《おも》った賢治《けんじ》は、三十《さんじっ》さいのとき農学校《のうがっこう》をやめ、「羅須地人協会《らすちじんきょうかい》」という協会《きょうかい》を作《つく》る。農家《のうか》の若者《わかもの》たちを集《あつ》め、自分《じぶん》も耕《たがや》しながら勉強《べんきょう》する。それが賢治《けんじ》の目的《もくてき》だった。

2

協会《きょうかい》に集《あつ》まった農村《のうそん》の青年《せいねん》は三十人《さんじゅうにん》ほど。そこで賢治《けんじ》は、農業《のうぎょう》技術《ぎじゅつ》を教《おし》え、土《つち》とあせの中《なか》から新《あら》しい芸術《げいじゅつ》を生《う》み出《だ》さなければならないことを語《かた》った。農民《のうみん》の劇団《げきだん》を作《つく》ったり、みんなで歌《うた》やおどりを楽《たの》しんだりした。

（令和二年度版　光村図書　国語六　創造　畑山《はたやま》　博）

1

(1) 賢治《けんじ》は、農業《のうぎょう》についてどう考《かんが》えるようになりましたか。○をつけましょう。

（　）一度《いちど》に大勢《おおぜい》の生徒《せいと》を相手《あいて》に理想《りそう》を語《かた》らなくてはならない。
（○）自分《じぶん》も農民《のうみん》になって、自分《じぶん》で耕《たがや》しながら人《ひと》と話《はな》さなければならない。

(2) 賢治《けんじ》が「羅須地人協会《らすちじんきょうかい》」を作《つく》った目的《もくてき》は、どうすることでしたか。文中《ぶんちゅう》から書《か》き出《だ》しましょう。

農家の若者たちを集め、自分も耕しながら勉強する こと。

2

(1) 協会《きょうかい》に集《あつ》まった青年《せいねん》に、賢治《けんじ》が教《おし》えたことは、何《なん》ですか。

農業技術

(2) 賢治《けんじ》は、協会《きょうかい》に集《あつ》まった青年《せいねん》に、どんなことを語《かた》りましたか。

土とあせ の中《なか》から 新しい芸術 を生《う》み出《だ》さなければならないこと。

75

76頁

言葉《ことば》の変化《へんか》 (1)

名前

教科書《きょうかしょ》の「言葉《ことば》の変化《へんか》」を読《よ》んで、答《こた》えましょう。

(1) 次《つぎ》の文《ぶん》は、「時代《じだい》による言葉《ことば》のちがい」について説明《せつめい》したものです。（　）にあてはまる言葉《ことば》を□から選《えら》んで書《か》きましょう。

今《いま》、私《わたし》たちが使《つか》っている言葉《ことば》は、（昔の言葉）をもとにしながらも、時代《じだい》の（流れ）の中《なか》で、人々《ひとびと》の生活《せいかつ》や（考え方）など、いろいろなえいきょうを受《う》けて変《か》わってきたものです。

考《かんが》え方《かた》・昔《むかし》の言葉《ことば》・流《なが》れ

(2) 次《つぎ》の言葉《ことば》は、昔《むかし》と今《いま》とで使《つか》い方《かた》にちがいが見《み》られます。それぞれの時代《じだい》の言葉《ことば》を表《あらわ》している意味《いみ》の方《ほう》を——線《せん》で結《むす》びましょう。

①
〈昔《むかし》〉すさまじ —— 不《ふ》調《ちょう》和《わ》でおもしろくない。
〈今《いま》〉すさまじい —— なんともおそろしい。程度《ていど》や勢《いきお》いがおそろしく激《はげ》しい。

②
〈昔《むかし》〉あはれ（わ）なり —— 喜《よろこ》び、楽《たの》しみ、悲《かな》しみなどを感《かん》じ、しみじみと感動《かんどう》する。
〈今《いま》〉あわれだ —— かわいそうだ。

77頁

言葉《ことば》の変化《へんか》 (2)

名前

教科書《きょうかしょ》の「言葉《ことば》の変化《へんか》」を読《よ》んで、答《こた》えましょう。

(1) 次《つぎ》の文《ぶん》は、「世代《せだい》による言葉《ことば》のちがい」について説明《せつめい》したものです。（　）にあてはまる言葉《ことば》を□から選《えら》んで書《か》きましょう。

同《おな》じ時代《じだい》であっても、同《おな》じものを指《さ》すときに、（世代）によってちがう言葉《ことば》を使《つか》う場合《ばあい》があります。ひいおじいさんなど上《うえ》の世代《せだい》では（漢語）や和《わ》語《ご》でよぶことが多《おお》く、下《した》の、若《わか》い世代《せだい》では（外来語）でよぶことが多《おお》くあります。

漢《かん》語《ご》・外《がい》来《らい》語《ご》・世代《せだい》

(2) 次《つぎ》の言葉《ことば》は、世代《せだい》によってちがう言《い》い方《かた》で表《あらわ》されることがあります。（　）にあてはまる言葉《ことば》を□から選《えら》んで書《か》きましょう。

下《した》の世代《せだい》の言葉《ことば》	上《うえ》の世代《せだい》の言葉《ことば》
①（マフラー）	えりまき
キッチン	②（台所）
③（カレンダー）	暦《こよみ》
スプーン	④（さじ）

さじ・マフラー・台所《だいどころ》・カレンダー

喜楽研の支援教育シリーズ
ゆっくり　ていねいに学べる
国語教科書支援ワーク 6-①　光村図書の教材より抜粋

2023年3月1日

原稿検討：中村　幸成
イラスト：山口　亜耶　他
表紙イラスト：鹿川　美佳
表紙デザイン：エガオデザイン
企画・編著：原田　善造・あおい　えむ・今井　はじめ・さくら　りこ・中田　こういち
なむら　じゅん・ほしの　ひかり・堀越　じゅん・みやま　りょう（他４名）
編集担当：中川　瑞枝

発行者：岸本　なおこ
発行所：喜楽研（わかる喜び学ぶ楽しさを創造する教育研究所：略称）
〒604-0827　京都府京都市中京区高倉通二条下ル瓦町 543-1
TEL 075-213-7701　FAX 075-213-7706　HP https://www.kirakuken.co.jp
印刷：株式会社米谷

ISBN : 978-4-86277-395-1

Printed in Japan

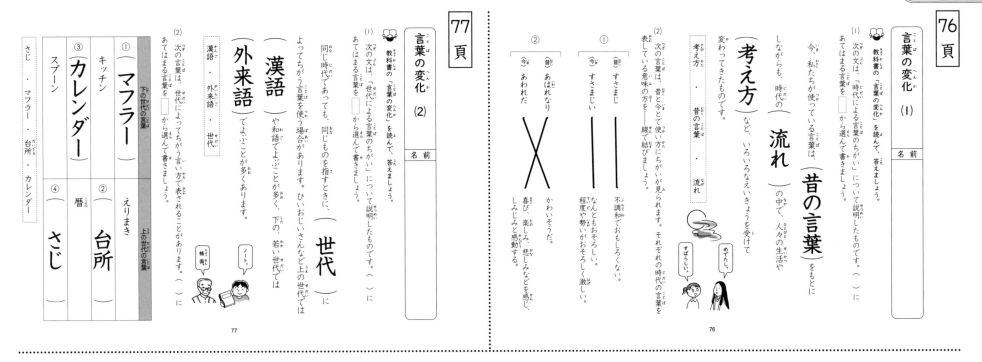